汉语韵律语法丛书

冯胜利 端木三 王洪君 主编

汉语合偶双音词

王永娜 著

北京语言大学出版社
BEIJING LANGUAGE AND CULTURE
UNIVERSITY PRESS

© 2015 北京语言大学出版社，社图号 15265

图书在版编目（CIP）数据

汉语合偶双音词 / 王永娜著. —— 北京：北京语言大学出版社，2015.12
（汉语韵律语法丛书 / 冯胜利，端木三，王洪君主编）
ISBN 978-7-5619-4353-3

Ⅰ. ①汉… Ⅱ. ①王… Ⅲ. ①汉语－词法分析－研究 Ⅳ. ① H146.1

中国版本图书馆 CIP 数据核字（2015）第 298263 号

汉语合偶双音词
HANYU HE'OU SHUANGYINCI

排版制作：	北京创艺涵文化发展有限公司
责任印制：	姜正周

出版发行：	北京语言大学出版社
社　　址：	北京市海淀区学院路 15 号，100083
网　　址：	www.blcup.com
电子信箱：	service@blcup.com
电　　话：	编辑部　8610-82301016
	国内发行　8610-82303650/3591/3648
	海外发行　8610-82303365/3080/3668
	北语书店　8610-82303653
	网购咨询　8610-82303908
印　　刷：	北京京华虎彩印刷有限公司

版　　次：	2015 年 12 月第 1 版
印　　次：	2015 年 12 月第 1 次印刷
开　　本：	880 毫米 ×1230 毫米　1/32　　印　张：5.5
字　　数：	141 千字
定　　价：	42.00 元

PRINTED IN CHINA

总序

我国学者对韵律的关注有着悠长的历史。《毛诗序》说:"情发于声,声成文谓之音。"这是古人区分随意的"声"与有序的"音"的最早论述。《荀子·乐论》云:"(先王)故制雅颂之声以道之,使其声足以乐而不流,使其文足以辨而不諰,使其曲直、繁省、廉肉、节奏,足以感动人之善心。"这是古人用声律来区分雅俗、节奏的千年古训。

在中国古代的节律研究史上,对韵律规则关注最细密、阐述最清楚的莫过于南朝的沈约(441—513)。① 他说:"宫商相变,低昂舛节,若前有浮声,则后须切响,一简之内,音韵尽殊,两句之中,轻重悉异。"(《宋书·谢灵运传论》)。这里的基本精神与当代韵律创始人 Liberman(1975)的"相对轻重论"是一致的。当然,沈约也自知局限:"韵与不韵,复有精粗,轮扁不能言,老夫亦不尽辨此。"(《答陆厥书》)稽古鉴今,从 Liberman "相对轻重论"发展出来的当代节律学(metrical phonology)给了我们辨

---

① 沈约,字休文,吴兴武康(今浙江德清)人,南朝史学家、文学家。他在给陆厥的信中说:"(古人)虽知五音之异,而其中参差变动,所昧实多,故鄙意所谓'此秘未睹'者也。以此而推,则知前世文士,便未悟此处。"但他也承认:"韵与不韵,复有精粗,轮扁不能言,老夫亦不尽辨此。"

识"韵之精粗"的现代工具。①

古代的韵律不仅涉及发音,还事关语法。最早触及这个题目的当属唐代的孔颖达。他在《毛诗正义》里疏解"视民如禽兽"时说:"《经》言'虎''兕'及'狐',止有兽耳,言'禽'以足句";在疏解《召南》"羔羊之皮"的时候说:"兼言羊者,以羔亦是羊,故两言以协句"。其中的"足句""协句"(其他尚有"圆文"等韵律分析)都为今天韵律语法的建立,提供了古代的语料和证据。

在汉语语言学史上最早发现韵律制约句法现象的当首推马建忠②。他在研究"易之以羊"和"以羊易之"两种句型时精辟地指出:"转词介以'以'字置于止词之后者,盖止词概为代字,而转词又皆长于止词。"(《马氏文通》)就是说,如果动词的宾语是代词,而介词的宾语又较长的话,那么就要采用 [[V+ 代][以+NP]] 的格式。以成分的长短定词序,正是从韵律控制句法的角度看问题。然而,值得回味的是,马氏虽然惊人地发现了韵律的作用,但却说"惟排偶声律者,等之'自郐以下'耳"——将韵

---

① 注意:在 Liberman 之前,Chomsky, Halle, and Lukoff(1956)早已奠定"循环重音指派"(cyclic stress assignment)的操作体系(也即韵律跟语法的直接相关性)。参 On accent and juncture in English. In: Morris Halle, Horace Lunt, Hugh MacLean, and Cornelis van Schooneveld (eds.), *For Roman Jakobson*. The Hague: Mouton, 1956. 65-80。而 Halle and Keyser(1967、1971)的文章更可看作生成节律学(generative metrics)的创始之作(其中的重音分布规律,采用了 Chomsky, Halle, and Lukoff(1956)的理论,认为重音跟句法直接相关)。参 Morris Halle and Samuel Jay Keyser. Chaucer and the study of prosody. *College English* 28.3 (1966): 187-219. 及 Morris Halle and Samuel Jay Keyser. *English stress: its form, its growth, and its role in verse*. New York: Harper and Row Publishers, Inc., 1971.

② 事实上,乾嘉学者如王念孙等均有很好的发明。但"韵律训诂"方面的研究才刚刚开始。

律的因素排斥在句法之外。他一方面卓有发明，另一方面又自毁长城，为什么呢？究其根本，是没有理论的缘故。① 于是杨树达批评他说"但据类例之多少为言，绝无何等理论为根据也。"(《马氏文通刊误》) 我们吃没有理论的亏太多了！殊不知，我们吃不能（不善？不屑？）创造理论的亏，更大、更多！没有理论，很难准确地把握现象，到手的东西也终将复失，更不消说本质与规律。马氏韵律语法的失败在理论。事实上，马氏不仅没有韵律理论，他的句法理论也不独立（《马氏文通》大抵以拉丁语法为底本）。当然，在我们看到理论之必要（necessary condition) 的同时，也不能忘记它并非充分条件（sufficient condition）。原因很简单，即使有了理论也不能保证对现象的揭示准确无误。乔姆斯基的管约句法论（government-binding theory）可谓理论，但根据这个体系，Zwicky and Pullum（1986）得出的却是一个错误的结论：句法无语音原则（Principle of Phonology-Free Syntax）②。他们说："句法无语音原则是为跨语言而设定的语法；该语法禁止句法规则或句法限定参考音系的信息。"(The Principle of Phonology-Free Syntax (PPFS) is a proposed universal principle of grammar that prohibits reference to phonological information in syntactic rules or constraints.)③

---

① 什么是理论？我们认为：其本质属性主要有两点：一是要把假设和规则说明确（explicit），一是要有可验证的预测（make verifiable predictions）。参 Karl R. Popper *The logic of scientific discovery*. New York: Basic Books, 1959.
② Arnold. M. Zwicky and Geoffrey. K. Pullum. The principle of phonology-free syntax: introductory remarks. *Working papers in linguistics* 32: Columbus, OH: The Ohio State University, 1986. 63-91.
③ 引自 Philip H. Miller, Geoffrey K. Pullum and Arnold M. Zwicky. The principle of phonology-free syntax: four apparent counterexamples in French. *Journal of Linguistics* 33 (1997): 67-90.

在形式句法理论界，这一"句法无语音"的错误信念直到最简方案出来后才逐渐改变。2008年11月7～9日在康奈尔大学召开的第39届NELS会议的广告上，我们第一次听到这样的声音：

"The design of the grammar is standardly assumed to be complex, involving components such as phonetics, phonology, syntax and semantics. The initial view that components of the grammar are autonomous has proven to be overly strong, and more and more cases of interfaces among components have been documented. This in turn opens questions about the extent and nature of such interfaces: is there a line between interacting components and components without borders?"

基于这种新的认识，会议邀请学者投交有关"explore empirical as well as theoretical aspects of the interfaces among two or more components of the grammar, and formal tools that capture such interfaces"的论文。时隔不久，Richards在 *Uttering Trees* 一书（2010）中便提出"疑问词移位"（wh-movement）是由韵律导致的的看法：疑问词移位（wh-movement）的句法运作发生在韵律刚好需要的情况下（The syntactic operation of *wh*-movement takes place just in case the prosody requires it）。在20世纪70～80年代的形式句法里，这是不可想象的。

国际韵律语法研究风起云涌，我国韵律语法研究的情况则很不同。我们一向没有宏大系统的语言学理论，自然也没有Zwicky那样极端、绝对的理论错误。从上面看到，韵律对语法的作用我国古代先贤早有揭晓，进入当代，相关研究层出不穷。最明显、最有影响的是郭绍虞的"弹性词说"（1938）[①]和吕叔湘的2+1、

[①]《中国语词之弹性作用》，载于《燕京学报》1938年第24期。

1+2的"趋势说"(1963)①。当然,赵元任的"电离化(ionization)/离合词"理论,更堪称早期韵律语法最精辟的分析:

> 可是既然咱们可以说"上了一堂课",何以不能说"体了一堂操"?要是照字面意义来说,"操了一堂体"应该更合逻辑,可是却没人这么说。这又是语音的因素比逻辑的因素更重要的关系。但是动–宾式结构的抑扬型韵律就足以强迫"体"作动词,"操"作宾语,不管逻辑不逻辑。因此"体了一堂操"就成了学生的经常用语了。
>
> ——《中国话的文法》②

这里"抑扬型韵律足以强迫'体'作动词,'操'作宾语,不管逻辑不逻辑"一语,为我们开辟了一个新的研究领域。顺此而推,汉语韵律的另一重要属性就是近年来发现的"韵律的形态功能"(参本系列丛书中王丽娟《汉语的韵律形态》)。这方面的研究,我们甚至可以溯源到陆宗达、俞敏(1954)对"开开 kāi kai(动词:这水得开开再喝)"和"开开 kāikāir(形容词:这水开开儿的,正好沏茶啊)"等北京话词语的重音分析。③

汉语韵律语法研究的另一大宗是它在文学上的作用。我国(和邻邦)的学者在这方面的研究有着长久的历史和丰富的学说。南朝沈约的"浮声、切响"(《宋书·谢灵运传论》)、刘勰(465—520)的"往蹇来连"(《文心雕龙·声律》)、唐代日本和尚遍照金刚的"诗行两半(半逗律)"(《文镜秘府论》)、清代桐城派学者刘大櫆的"音节神气"(《论文偶记》),以至于当代启功先生的

---

① 《现代汉语单双音节问题初探》,载于《中国语文》1963年第1期。
② 刘梦溪主编《中国现代学术经典》"赵元任卷"中的《中国话的文法》。河北教育出版社,1996年。
③ 注意:"这水得开开再喝"的重音在第一个"开"上,"这水开开儿的,正好沏茶啊"的重音在"开儿"上。见陆宗达、俞敏(1954)《现代汉语语法·上》,群众书店。)

"诗节韵律"(《诗文声律论稿》),等等,都是我国古今节律学研究的宝贵财富,亟待总结和开发。

如果说郭绍虞的"弹性"、吕叔湘的"趋势"和赵元任的"电离化(ionization)"均以20世纪70年代以前的传统韵律理论为基础而进行研究的话,那么我国当代韵律语法的研究则是继Chomsky、Halle、Keyser以及Liberman等当代学者70年代前后提出的"相对轻重说(relative prominence)"[1]为基础、伴随80年代改革开放带来的西方当代语言学理论的引入而开始的。我们知道:汉语韵律—语法的研究以"句法影响/制约韵律"为起点。譬如C. C. Cheng(1973)[2]提出的以句法分枝为上声变调域的观点;Chilin Shih(1986)[3]和Matthew Chen(2000)[4]进行的以句法为基础的音步研究(foot formation based on syntax);Matthew Chen和他的学生提出的以句法XP为界确定的连音变调域(如Matthew Chen, 1987)[5];Selkirk(1986)[6]受到Matthew Chen影响后提出的"界定参数"(edge-setting parameters)和"韵律范畴域"(domains of prosodic categories);Selkirk and Shen(1990)[7]观察到的上海

---

[1] M. Libermann and A. Prince. On stress and linguistic rhythm. *Linguistic Inquiry* 8 (1977): 249-336.

[2] A synchronic phonology of Mandarin Chinese. *Monographs on linguistic analysis*, No. 4. The Hague: Mouton.

[3] *The prosodic domain of tone sandhi in Chinese*. PhD dissertation, University of California, San Diego.

[4] Tone sandhi: patterns across Chinese dialects. *Cambridge Studies in Linguistics*, No. 92. Cambridge, UK: Cambridge University Press.

[5] The syntax of Xiamen tone sandhi. *Phonology yearbook* 4: 109-149.

[6] On derived domains in sentence phonology. *Phonology yearbook* 3: 371-405.

[7] Prosodic domains in Shanghai Chinese. In: Sharon Inkelas and Draga Zec (eds.), *The phonology-syntax connection*, Stanford and Chicago: CSLI Publications and University of Chicago Press, 1990: 313-337.

方言里"句法—韵律错配现象"（phonology-syntax mismatches）；还有 Duanmu（1995、1999）① 提出的上海话连音变调域的重音循环指派法（tone sandhi domains are based on cyclic stress assignment），等等，都是从"句法影响韵律"的角度进行的研究。与此同时，Matthew Chen（1979）还进行了"句法—韵律相互影响"的研究②。他在汉语律诗的探讨中提出句法分枝和韵律分枝必须彼此对应的规律。当然，令人更为关注的是突破 Zwicky"韵律无句法原则"的新理论："韵律对句法的影响和制约"。这方面我们首先看到的是 Inkelas and Zec（1990）③ 有关韵律制约句法的研究，其次是 Feng（1991、1995）④ 有关汉语的韵律结构和韵律制约的句法研究。继此则有 Zubizarreta（1998）的 P-movement⑤ 以及董秀芳（1998）⑥"韵律制约的动补结构"等一系列的韵律制约句法的研究。

在新兴韵律理论（metrical phonology）的影响下，汉语韵律语法的研究发生了质的变化。早在八十年代初期，语言学论坛上就涌现出一批年轻的韵律语法研究者，如陆丙甫、吴为善、张国宪、端木三、冯胜利等。1990 年，端木三与陆丙甫合著的"辅重

---

① S. Duanmu. Metrical and tonal phonology of compounds in two Chinese dialects. *Language* 71.2 (1995): 225-259. & S. Duanmu. Metrical structure and tone: evidence from Mandarin and Shanghai. *Journal of East Asian Linguistics* 8.1 (1999): 1-38.
② Metrical structure: evidence from Chinese poetry. *Linguistic Inquiry* 10.3 (1979): 371-420.
③ Sharon Inkelas and Draga Zec (eds.), *The phonology-syntax connection*. Stanford and Chicago: CSLI Publications and University of Chicago Press, 1990: 365-378.
④ Prosodic structure and word order change in Chinese. *The Penn review of linguistics*, Vol. 14, 1991. & *Prosodic structure and prosodically constrained syntax in Chinese*, PhD dissertation, UPENN, 1995.
⑤ *Prosody, focus, and word order*. Cambridge, MA: The MIT Press, 1998.
⑥ 《动补带宾句式中的韵律制约》，载于《语言研究》1998 年第 1 期。

论"打响当代韵律语法研究的第一枪。①1997年冯胜利到四川大学讲授韵律构词学（词汇化）和韵律句法学（核心重音）②，不久就有了董秀芳的《述补带宾句式中的韵律制约》（《语言研究》1998年第1期）。③此后，韵律语法方面的研究论文便如雨后春笋般涌现。经过近20年来的蓬勃发展，韵律语法研究在中国已蔚为大观。最为突出的就是杨树达批评马建忠没有理论的情况已大为改观：当代汉语韵律语法有了自己的理论。最初是端木的"辅重论"（1990、2000）和冯胜利的"核心重音说"（1991、1995），后来则有《汉语非线性音系学》（王洪君，1999、2008）、《汉语韵律句法学》（冯胜利，2000）、*Chinese Phonology*（Duanmu，2000）以及 *Prosodic Morphology*（Feng，1997）④ 等不同学说和理论的纷纷出炉。在中国，这些都是前所未有的新理论，因此也不容易一下子为人所理解。老实说，韵律语法的起步是相当艰难的，不仅当时的研究生，就是一般的学者对其中的"形式句法理论""形式音系理论"也不太熟悉。为培养兴趣和奠定基础，韵律语法理论的引进和普及，最初采取的是"近取诸身"的做法。⑤譬如把"核心重音"说成"不能头重脚轻""切忌尾大不掉"（而不是

---

① 2002年发表于 *Journal of the Chinese Language Teachers Association* 37.2: 123-136，名为"Rhythm and syntax in Chinese: A case study."
② 讲稿后来修改为《汉语的韵律、词法与句法》出版，北京大学出版社，1997/2005/2009。
③ 她后来从功能角度研究"词汇化"，成绩显著，但是给韵律导致的双音化的研究留出了很大空间，有待开发。
④ Prosodic structure and compound word in classical Chinese. In: Jerry Packard (ed.), *New approaches to Chinese word formation: morphology, phonology and the lexicon in modern and ancient Chinese*. Berlin: Mouton de Gruyter. 197-260.
⑤ 王国维和陈寅恪在讨论中国历史上引进西方新思想的实例时认为"西洋之思想不能骤输入我中国"（《论学术界》），并提倡"取珠而还椟"的方法（《吴宓与陈寅恪》）。其意至深，足资为鉴。

"管约（Government and Binding）为基础的核心重音的指派"）。即使涉及管约的定义，也为便于理解而从简解说（informally speaking），把"公式化的形式限定"说成大家能理解的"动词后不能有两个（可携带重音）的成分"，诸如此类，不胜枚举。结果呢？虽便于初学和理解，也带来了始料未及的误解和分歧。有人不理解其中的运作，说："汉语的名词可以做谓语，可见动词指派重音的理论有问题"；有人怀疑说："句子的焦点重音是任意的，如何影响句法？"有人歧解道："汉语的句子可以不用动词，可见动词指派重音的操作是错的。"有人质疑道："1+2的'铁公鸡'可以说，凭什么说1+2不合法？"还有人直接反对说："汉语没有重音，也没有音步，因此用重音、音步建立起来的韵律理论靠不住！"疑惑之极，竟有人质问："韵律的作用到底有多大？"显然，有些问题已经超出学科的范围，因为我们一般不问"化学的作用有多大"。当然，我们都知道：如果"汉语没有音步"的话，怎么可能"55/55/555""柴米/油盐/酱醋茶"的节律停顿都一样？假如"汉语没有重音（或凸显）"的话，那么人类语言节律中的"相对凸显律"将由何表现？我们更知道，新领域开辟、新学科建立之初，出现不同的意见和争议是很正常的。太炎先生曾慨叹孙诒让的学术所以未宏于世的原因，是没人反对的结果[①]；而对生成语法的质疑之声至今不绝于耳，却反促其发展，则更是范例。即如1+2的"铁公鸡"，虽非反例，但它给韵律语法提出了挑战。挑战促使了更深的规律、更多解释被发掘与发现。1+2 [名词+名词] 为韵律理论所不容，然而就在解决这些反例的过程中

---

① "自孙诒让以后，经典大衰。像他这样大有成就的古文学家，因为没有卓异的今文学家和他对抗，竟因此经典一落千丈。这是可叹的。我们更可知学术的进步是靠着争辩，双方反对愈激烈，收效方愈增大。"《国学概论》，中华书局，2003年，第33页。

我们发现了两条新的规律：一是"材料"（铁公鸡、木地板、棉手套；?钢铁公鸡、木头地板、?棉花手套）可用1+2；二是"所有格"（班主任、校领导；班级主任、学校领导）可用1+2。为什么呢？原因很可能是"材料、所有格"实际上是形容词性而不是名词性成分的缘故（参Feng，2001；Duanmu，2012）。[①] 这类现象，前人不但没有解释，而且很难会想到。因此，本着真理出于争辩的理念以及促进新兴学科发展的愿望和责任，我们编写了这套丛书。可以说，这套丛书是这个学科不断发展和成熟的标志，是东西方学术研究交汇和碰撞的结果，当然也是这个学科有待整合、总结以便深入发展的当前需要。

这套"汉语韵律语法丛书"的作者都是韵律语法领域中的前沿工作者。他们有的是该学科的资深学者，有的是该领域里的年轻新秀，但他们有一个共同点，就是对此新兴学科的热爱与执着，他们都在这一领域富有自己的心得、体会和贡献。

这套丛书第一批出版的专著共九册。《音步和重音》，作者端木三。该书用大量汉语和英语语料，深入浅出地讨论了节奏的基础——音步和重音，以及它们在诗歌和普通语言里的作用。作者总结了前人的成果及不足，提出一个新的理论观点：所有的节奏模式都可以用一个统一的音步来解释。该书还附有术语表，便于读者查找常用的基本概念。

《汉语的韵律形态》，作者王丽娟。该书介绍了什么是语言的形态、汉语有没有形态、汉语有什么形态以及韵律如何在汉语中发挥形态作用能等一系列的前沿问题。作者通过分析汉语"韵律和形态"互动的现象提出：和音段层面的元音、辅音一样，超

[①] The multidimensional properties of wordhood in Chinese. *Contemporary Linguistics* 3 (2001): 161-174 & Word-length preferences in Chinese: a corpus study. *Journal of East Asian Linguistics* 21.1 (2012): 89-114.

音段层面的音高、音强和音长等韵律成分，也是重要的形态手段。汉语正是这样一种富于韵律形态的语言。与此同时，跨语言的现象表明，韵律形态不是汉语独有的特征，而是人类语言的共性。作者呼吁：全面展开以汉语为基础的跨语言的"韵律形态研究"。

《汉语的韵律词》，作者裴雨来。该书介绍汉语韵律词研究的理论基础，包含韵律结构、韵律层级以及韵律词作为模板的韵律构词的理论。与此同时，作者详细说明了汉语的韵律构词操作，提出"汉语韵律词模板规则"，并根据这一规则分析了普通话多种复合词现象，比如"[词凳子]/[词板凳]/[词*板凳子]"、"[词耕地]/[词*耕种地]"等对立现象，"牙+齿（=牙）"等冗余现象，"煤炭店、纸老虎、开玩笑"等不同类型 1+2、2+1 格式，"纸张粉碎机"等含动复合词，"北京大学→北大"等缩略词，以及"孔→窟窿""夏→有夏"等双音化现象。最后作者着重说明了"韵律词与词感的关系"以及"韵律词法与韵律句法间的交互作用"等问题。

《汉语的最小词》，作者洪爽。该书全面介绍了汉语最小词的相关知识。认为最小词是由一个双音节的标准音步实现而成的韵律词，是韵律系统中"规则推演"的结果，是一类特殊的韵律词——最和谐的韵律词。谈最小词不能离开具体的词法、句法等语言环境，否则无所谓最小词。就是说，最小词是"动态"的，这是它与标准韵律词的最大差异之所在。最小词可以分别从节律和句法两方面来进行分类。作者认为最小词的确立对语言研究有着十分重要的意义和作用：可以为词和短语的区分提供新的视角和思路，也可以深入理解允准和促发句法移位的动机及运作，更可以多维度地解释汉语合成词复合的动机和构造的过程。正因如此，最小词的研究值得引起充分的重视。

《汉语嵌偶单音词》，作者黄梅。该书首先提出了两个问题：（一）为什么"校、国、避、佳"等单音"词"不是黏着语素或半自由语素而是"嵌偶（单音）词"？（二）是什么原因导致嵌偶单音词的句法分布受到限制？作者从这些词在使用中不得不"双"的韵律特点出发，说明它们出现的韵律与句法的条件，并提出判定它们的标准是看其能否独立做句法成分，因此凡能独立做句法成分的单音节单位，尽管韵律受限，也是词。除此而外，嵌偶词只用于庄典语体，具有很强的语体语法性。因此，它们在其他语体中很难或根本不能出现。最后作者强调指出："不得不双"的嵌偶性是现代庄典体语法的重要属性。

《汉语合偶双音词》，作者王永娜。合偶双音词是一种自身为双音节且要求特定组合对象也必须至少为双音节的，句法自由，但合偶要求有一定方向性的书面正式体的语体词，简称"合偶词"。该书从《汉语水平词汇与汉字等级大纲》中收集到一千多个合偶词，在此基础上，介绍合偶词的鉴别标准，考察合偶词在四大词类（动、形、副、名）中的分布和存在情况，介绍了四类合偶词内部在组合方式上的差异，对应的语体功能及其差异，阐明了合偶词的语法本质是以"双"配"双"的韵律形式和组合方式来完成正式语体的交际目的。作者认为，合偶词普遍具有"抽象＋抽象"的语义特征，这是汉语构建正式语体的一种语法形式。

《汉语的句法词》，作者庄会彬。该书从汉语"词""语"纠缠的问题出发，认为"句法词"的概念界定和阐释可以帮助解决这一学界长期以来的困惑。作者进而深入探讨了句法词研究的现状、句法词的派生、句法词与词汇词以及"的"字短语的联系和区别。以"白菜""白布""白的布"为例，三者之间"词""语"界限该在何处划分，一直都是老大难问题，然而，引入句法词之后就变得较为清楚的原因所在。"白的布"是短语,"白菜"为词汇词(固化词),"白布"则为句法词:三者差异由是泾渭分明,"词""语"界限也因此可定。

《汉语的四字格》,作者朱赛萍。该书讨论:汉语的四字格为什么是人们言语生活实践中喜闻乐见的一种独特的表达形式?五花八门的四字格到底是怎样产生的?为什么四字格在汉语中如此普遍而备受青睐?作者通过介绍四字格的韵律、句法与语体等多方面的特征,全方位探索了汉语四字格的韵律特征以及生成方式。作者指出,汉语的韵律系统和机制,是揭开汉语四字格前世今生之谜的钥匙。

《汉语韵律语法问答》,作者冯胜利。该书从理论、实践以及作者自身的经验和体会出发,深入浅出地解答了学生和学界对于20年来韵律语法研究的疑问、质疑和批评,诸如"汉语有没有音步""什么是韵律层级""什么是相对凸显/轻重""韵律的作用到底有多大",等等。该书的问答既针对初学者的日常问题,又关系到研究者的专业问题及该学科的历史和发展,同时也涉及韵律语法操作的原理和方法,如"韵律形态""层级跨界""韵律删除与韵律激活""焦点重音与核心词移位""句法词与最小词"等前沿问题。该书的讨论对厘清初学者和一般研究者在韵律构词和韵律句法中常常遇到的问题有帮助,对该学科的历史研究和未来的发展有总结和推动的作用。

不难看出,这套丛书的确反映了当前韵律语法发展的方方面面。美国学者 Simpson 在 2014 年出版的《汉语语言学手册》(*The Handbook of Chinese Linguistics*)里面说:

> 将来的韵律与语法的相互作用的研究,无论是跨方言的共时研究,还是历时的研究(这是具有可能性的),都是未来汉语语言学研究中的一个丰富而内容充实的领域,是一个汉语可以为

"有关人类语言的普通语言学理论"做出重要贡献的领域。①

这是对我们以往韵律语法研究的总结,更是我们将来努力的方向。是为序。

冯胜利（执笔）

2015 年 6 月

---

① Andrew Simpson. Prosody and syntax. In: C.-T. James, Huang Y.-H. Audrey Li and Andrew Simpson (eds.) *The Handbook of Chinese Linguistics*. Oxford: Blackwell, 2014. 465-491.

目录

1	第一章　什么是合偶双音词
11	第二章　合偶词的研究现状
23	第三章　动词合偶词
24	第一节　什么是动词合偶词
28	第二节　谓位动词合偶词
47	第三节　状位动词合偶词
53	第四节　动词合偶词的语体功能
63	第四章　形容词合偶词
64	第一节　什么是形容词合偶词
66	第二节　定位形容词合偶词
73	第三节　状位形容词合偶词
80	第四节　形容词合偶词的语体功能
87	第五章　副词合偶词
88	第一节　什么是副词合偶词
90	第二节　副词合偶词的类型
94	第三节　副词合偶词的语体功能
101	第六章　名词合偶词
102	第一节　什么是名词合偶词
103	第二节　状位名词合偶词

113	第三节	宾位名词合偶词
115	第四节	名词合偶词的语体功能

123　第七章　合偶词的语法属性

124	第一节	"双+双"的句法功能：构成书面正式语体语法
131	第二节	"双+双"的语义属性："抽象+抽象"
137	第三节	"双音"的本质：韵律形态

141　第八章　结语

145　附录　汉语合偶双音词表
152　参考文献
157　后记

第一章

什么是合偶双音词

汉语是一种优美的语言，她声调抑扬，节奏感强，这一点已经广为人知。最近的研究还告诉我们，汉语的韵律之美远远不止这些，合偶双音词的创造和使用，可以说也是汉语韵律之美的一大特征。

什么是合偶双音词呢？合偶双音词是一种自身为双音形式且要求特定组合对象在光杆形式下必须为双，句法上自由，但合偶要求有一定方向性的一类书面正式体的语体词，简称"合偶词"。这个定义看上去很复杂，下面我们一层一层地加以解释。

（一）韵律上，要求"双配双"。

这里包含两层意思：

一是合偶词自身必须为双，为单则必然不属于合偶词。汉语各种功能类型的词中，除了某些虚词外，均存在着单音节词、双音节词和三音节词，其中单音节词如"吃、穿、高、瘦、车、马、快、慢"，三音节词如"电视机、计算器"，等等，均不属于合偶词。

二是要求与光杆词组合时必须"配双"，可"配单"的双音节词必然不属于合偶词。汉语有一些双音词要求它的某些组合对象在光杆形式下必须为双音节形式，不可为单音节形式。例如：

进行调查	*进行查	加以批评	*加以批
互相埋怨	*互相怨	共同使用	*共同用

全景拍摄	*全景拍	高薪聘请	*高薪聘
夺取权力	*夺取权	摧毁房屋	*摧毁房
钢铁生产	*钢铁产	余粮收购	*余粮收
强大队伍	*强大队	伟大人物	*伟大人

冯胜利（2003）把该类要求双配双的双音词命名为"合偶双音词"，简称"合偶词"。

（二）句法自由，双合的实现有方向性，依句法而行。

合偶词，在句法上是自由的，能够自由地与大量不同的双音节词组合，并非仅能与有限的词组合。例如：

迅速：迅速撤离　迅速离开　迅速围歼　迅速提升　迅速增强
购买：购买汽车　购买车票　购买药材　购买粮食　购买炸药
书籍：购买书籍　阅读书籍　出版书籍　印刷书籍　整理书籍

句法组合的自由和能产性，将合偶词构成的"2+2"结构与成语①区分开来，成语内部为非自由组合、非能产组合。

合偶词在实现双合结构时有一定的方向性，须依句法而行。具体可以分解为两点：

一是说，它要求某一特定的对象必须为双，而非所有的组合对象均必须为双。如有的动词合偶词仅仅要求其宾语必须至少为双，而对其状语没有要求，而有的动词合偶词则仅在充当状语时要求其修饰的中心语必须为双，而在充当谓语时对其宾语没有成双的要求；又如，某些形容词合偶词做定语，对其中心语有要求，而对其状语没有要求；又如，名词直接状语时要求其修饰的谓词

---

① 有关成语的特征，请详见本套丛书《汉语的四字格》(朱赛萍，尚未出版)。

性成分必须为双，而与介词组成介宾结构时并无要求，等等。如：

进行调查	先后进行	仍然进行	将会进行
*进行查	先进行	也进行	将进行
炉火烧烤	用炉火烧烤	高薪聘请	用高薪聘请
*炉火烧烤	炉火烤	*高薪聘请	用高薪请
积极作用	非常积极	特别积极	极其积极
*积极人	很积极	特积极	极积极

二是说，双合结构只能在特定的结构中实现，而并非其紧邻成分任意为双便可满足双合的要求；并且须依从句法结构而行，不能打破结构层次，造成韵律与句法的错位。这一点与嵌偶词有所不同，嵌偶词[①]可以前贴后附，其紧邻成分任意为单便可满足成双的要求。请比较：

思乡	深思	返京	重返
思念故乡	*非常思念家	往返北京	时常往返县京
患病	正患	不佳	佳人
罹患疾病	正在罹患病	伟大领袖	*非常伟大人
结队	喜结	久住	不久
集结群众	*再次集结人	悠久历史	*非常悠久山
觅友	苦觅	灭敌	屡灭
寻找水源	*四处寻找水	消灭病毒	*再次消灭病

[①] 有关嵌偶词的介绍详见本套丛书之《汉语嵌偶单音词》（黄梅，2015）。

上面的例子中，嵌偶词"思"可以前贴构成"深思"，也可以后附构成"思乡"，前后有单便可组嵌成双，而合偶词只能在特定结构里实现，同一个合偶词无法既可通过前贴又可通过后附来实现"双 + 双"。总体来看，双合结构倾向于在直接组合成分中实现的，较少在间接组合成分里实现。

（三）语体上，合偶词及其双合结构属于书面正式语体。

人们在语言交际中，总是会根据交际的对象、交际的场合、交际内容以及交际的态度[①]来选择合适得体的语言形式，比如，在便俗的不正式的场合下，应该选用口语的语言形式，在正式庄重的场合下则应选择正式庄重的语言形式，也就是"在什么场合说什么话"。因交际对象、交际场合、交际内容、交际态度不同所产生的不同的语言形式便是"语体"，即说话的体式。语体，从大范畴上，一直以来分为口语和书面语，冯胜利（2003a、2003b、2010、2012、2013）提出了两组四分法，分为："正式体"和"非正式体"，"典雅体"和"便俗体"，前者是通过当代语言表达出来的，是用于正式交际或非正式交际下的语言形式；后者则是通过古代汉语的词句实现的。

合偶词属于书面正式语体，是现代汉语书面正式语体语法系统自身产生的一批词汇形式，它们普遍具有很强的书面正式语体色彩。试比较：

购买—买　　　　种植—种　　　具有—有

购买汽车—买车　种植树木—种树　具有财富—有钱

---

① 这也就是冯胜利（2012）提出的影响交际的四要素。

安装—安　　　　编制—编　　　　抄写—抄
安装机器—安机器　编制竹筐—编筐　抄写文章—抄文章

也就是说,合偶词主要使用于正式交际,很少用于非正式的交际之中。

(四)数量可观,类型丰富,独立成类。

合偶词是现代汉语中普遍存在并且数量不少的一类词。冯胜利(2006)《汉语书面用语初编》中共收集了300多个合偶词,其后,崔四行(2009)、洪爽(2009)等均有不同数量的补充,这些收集已有力地说明合偶词普遍存在且数量不少。不仅如此,我们对《汉语水平词汇与汉字等级大纲》中8822个词进行了逐一考察,发现合偶词不仅数量可观,而且类型丰富,其丰富性由以下两点可见:

1. 词类丰富,汉语中存在不同词性的合偶词。汉语的合偶词,就其词性而言,主要是实词性的,具体而言存在以下几种词类:

1)动词合偶词。汉语中存在一些双音动词要求其组合对象在光杆形式下必须为双,不可为单,例如"保留、保卫、保障、补习、达成、创立、改编、观测、集合、开办"等要求它们的宾语必须至少为双,"伴随、保守、爆破、比赛、变换、补充、承包、持续"等充当状语时要求其中心语必须为双,不可为单。我们从《汉语水平词汇与汉字等级大纲》中共收集到779个要求其宾语不可为单的动词合偶词,在前人对充当状语的动词的研究和收集的基础上又收集到66个充当状语时要求中心语必须为双的动词合偶词。在我们所考察的范围内,充当谓语中心语的动词合偶词的数量最多。

2）形容词性合偶词。一些双音节形容词合偶词或在充当定语时，或在充当状语时，要求它的搭配对象在光杆形式下必须为双，不可为单，例如"紧密、复杂、高大、宏伟、基本、紧急、谨慎、精彩、满腔、丝毫"不能直接修饰单音节的名词成分，要求与之搭配的名词必须为双。我们从《汉语水平词汇与汉字等级大纲》中共收集到155个充当定语的形容词性合偶词，在前人对形容词充当状语的研究和收集的基础上，共收集到122个充当状语的形容词性合偶词。

3）副词性合偶词。有些双音节副词充当状语时要求其组合对象在光杆的形式下必须为双，不可为单，例如"必然、不断、不时、不住、充分、处处、匆忙、从容、大力"均不能搭配单音节动词。从《汉语水平词汇与汉字等级大纲》中，我们共收集到84个副词性合偶词。

4）名词性合偶词。除了充当状语的一些双音名词要求搭配的光杆动词不可为单、必须为双之外，还有一些双音节名词在独立充当动词的宾语时，要求动词必须为双，不可为单。在前人收集的基础上，我们共收集到163个状语位置的名词性合偶词，从《汉语水平词汇与汉字等级大纲》中共收集到54个宾语位置上的名词性合偶词。

5）介词性合偶词，还有一些双音节介词，也要求其宾语为光杆形式时必须为双，不可为单，例如：

通过此事　作为新人　按照人数　关于篮球
*通过事　　*作为人　　*按照人　　*关于球

实际上合偶词的词类分布远不止以上五类，如代词中的"自我、彼此"等，它们也要求其组合对象在光杆形式下必须为双，不可为单，如：

自我批评　　＊自我批　　自我劝说　　＊自我劝
彼此帮助　　＊彼此帮　　彼此爱护　　＊彼此爱

可以说，合偶词在汉语中的绝大多数词类中均有分布，具体每一类中存在多少、以什么特征存在则是需要我们去深入考察的。

2. 合偶词实现"双+双"的结构和方式具有多样性，存在典型形式、变体形式、扩展形式之分。

合偶词在组构成"双+双"的单位时，不同的词类采用的结构有所不同，"双+双"有的构成的是动宾结构，有的是状中结构，还有定中结构，等等，其构成的结构类型是非常丰富的。

除了结构类型丰富以外，尽管合偶词总体上均要求与其组合对象在光杆形式下必须为双，但若考虑到复杂形式，则表现出了多样性。

有的合偶词要求其组合对象只能为双音形式，也就是其最简形式只能是典型的"双+双"，即双音节合偶词与另一个双音节形式组合成一个四音节的形式。例如：

召开会议　　？召开一个会　　建筑楼房　　＊建筑一座楼
袭击后村　　＊袭击一个村　　开办店铺　　＊开办一家店
基本的武器　＊基本的枪　　　基本的粮食　＊基本的粮
优良的肉食　＊优良的肉　　　优良的羊毛　＊优良的毛

有的则除了"双+双"结构外，还允许组合对象是一个以单音节为中心的三音节或更大的单位，即存在"变体形式"，例如：

办理事宜	*办理事	办理大事	办理一件事
办理关卡	*办理卡	办理年卡	办理一张卡
打扫道路	*打扫路	打扫小路	打扫一条路
黑暗社会	*黑暗山	黑暗的山	黑暗的山谷
光荣称号	*光荣人	光荣的人	光荣的士兵

不仅如此,无论典型形式还是变体形式,又多存在着各种各样的扩展形式,由此足见合偶词构成结构类型的多样化。

以上两点表明,合偶词不仅数量很大,而且类型也很丰富,可见,合偶词是汉语中客观存在的一类词,这一点已经不容置疑。

综合以上四个方面,合偶词是一种自身为双,并且要求特定组合对象在光杆形式下必须为双、不可为单,句法自由,但"双+双"的实现具有一定的方向性,需要依据句法而行的一类书面正式体的语体词。

思考与练习

1. 什么是合偶词?合偶词有什么特征?
2. 合偶词与嵌偶词有什么不同?合偶词构成的"2+2"结构与四字成语有什么不同?
3. 汉语各个词类中是否均存在合偶词?请举例说明。

第二章

合偶词的研究现状

"合偶词"这一概念是由冯胜利（2005b）提出的，但是对于要求组合成双的这类现象的关注，则要更早一些，并且随着研究的发展，对于这类现象的认识也日趋深入。迄今为止，对于"合偶词"的关注和讨论，主要可以概括为以下几个方面。

一、从节律角度对"双且配双"现象的关注

较早关注到汉语中的"自身为双并且要求必须配双组合"现象的是吕叔湘先生。吕叔湘（1963：297—299）指出，"2+2 的四音节也是现代汉语里的一种重要的节奏倾向"，而"四音节的倾向表现在某些个组合里一个双音节成分要求另一个成分也是双音节"，并例举了以下五类具体的现象，分别为：

（一）"进行、加以、予以"以及某些双音节副词的后面要求双音节动词，例如：

加以整顿（考虑、审查、表扬、批评）　*加以整
互相支持（依赖、监督、利用、埋怨）　*互相怨
各自处理（解决、掌管、负担、照管）　*各自管
分别对待（处理、存放、讨论、答复）　*分别放
日益巩固（增多、减少、繁荣、衰退）　*日益多

（二）很多双音节动词要求后面的名词至少有两个音节（单音节宾语限于代词），例如：

调查事实　了解情况　发生作用　操纵机器　管理图书

这里的宾语都不能用单音节名词,如不能说"*管理书、*开垦地",等等。

(三)名词在前、动词在后的组合(整个组合是名词性的)同样要求名词至少是双音节。例如:

钢铁生产　　余粮收购　　货物运输
地质勘探　　音乐欣赏　　干部培养

这种组合更不能改成三音节,像"*钢生产、*粮收购、*货运输"等,例外如"胃切除、肺切除"是很少的。

(四)某些双音节形容词只出现在双音节名词之前,例如:

伟大人物　　辉煌成绩　　宝贵意见
先进经验　　强大队伍　　严重后果

这些形容词,有的也可以用在单音节名词前面,可是必须在中间加个"的",例如"伟大的人、宝贵的书"等。有的加了"的"也还是要求接双音节名词,例如不说"*辉煌的城、*强大的国"等等。

(五)两个同类并且意义相近的双音词常常联合起来组成一个相对固定的短语,例如:

文化教育　　财政经济　　仪器设备
风俗习惯　　强迫命令　　小心谨慎
聪明伶俐　　轻松愉快　　阴险毒辣

这种短语中间一般不用(有的绝对不用)"和、而且"等连词,这表示它们具有一定程度的熟语性,可是其程度不及"四字格",两个成分还可以分别跟别的双音词搭配。

吕先生的讨论涉及三种词类(动词、副词、形容词),以及两种结构"NNVV"和"并列短语"的求双现象；分析了该现象的产生时间，指出"这些双音节词绝大多数是最近几十年里产生的所谓'新名词'，或是原来只用于文言，最近才在白话文里活跃起来的"，还从词汇层次和修辞色彩上分析了其求双特征的原因，指出"可能是因为属于不同的词汇层，带有不同的修辞色彩"。

可以说，吕叔湘（1963）的贡献主要在于：较早地发现了汉语中存在着一类具有独特韵律特征的双音词，并从词汇层面和修辞色彩的角度对其成因进行了探索，但具体是什么"规则"、在哪个"层面"并未深入阐释。

陈建民（1979：61）认同"某些双音节，要求跟它搭配的也是双音节词，两个双音节一搭配构成两个二音步"，并补充了几个现象，如：

后边院子—*后边院—后院　　　按照时间—*按照时

二、对特定结构中的"双且求双"现象的关注和研究

继吕叔湘（1963）之后，一些学者在探讨某些具体的结构中的音节搭配现象时，也关注到了要求必须配双的双音词这一现象，相关的研究可以分为以下几个方面：

（一）一些双音副词修饰动词要求动词必须为双，具体的研究如：

张谊生（1997、2000）提出副词与动词存在音节搭配问题，提出包括"自由搭配型、部分限制型、严格限制型"三种类型的搭配，其中的严格限制型里就讨论到了自身为双且要求搭配对象

必须为双的重叠式副词,如"稍稍、明明、恰恰、频频、速速、屡屡"等。

张邱林(2000)指出现代汉语的双音节副词多要求配双音或多音中心语,很少修饰单音光杆中心语,叠音副词在这方面的倾向性更强,并且以"刚刚"为例加以讨论分析。

马真(2004)同样也提出副词修饰动词存在音节搭配问题,指出有一些双音节副词要求所修饰的词语必须为双音节成分,如"最为、极为、甚为、大为、大力"等。

周韧(2012)考察了由副词做状语的状中结构的韵律模式,指出有一类副词自身为双音节形式,并且只能修饰双音节谓词,不能修饰单音节谓词,并对该类副词进行了收集,共收集到了103个。

(二)有些双音形容词直接做状语或定语时,其中心语只能为双音形式,具体的研究如:

山田留里子(1995)指出"有些双音节形容词做状语时,带不带'地'跟被修饰的动词音节有关,被修饰的是双音节时,不用带'地',但单音节时,一定要带'地'"。

贺阳(1996)指出"能直接做状语的双音形容词经常修饰双音复合动词"。

李泉(2001)提出"多数情况下双音节形容词的中心语都是双音节名词"。

(三)双音名词做状语,所修饰的动词也是双音节形式。

名词做状语的现象受到众多专家学者的关注,但针对其韵律、语体的研究并不多见,其中文炼(1994b)、刘慧清(2005)注意到该类结构在音节上的特点,如文炼(1994b)指出"名词做状语显示出一个特点，全属两个双音词的组合。当然，情况也并非都是如此，口语里便有'火烧赤壁、水淹金山、油炸土豆片、酱爆黄花鱼'"。刘慧清（2005）指出"名词做状语，若是双音节名词，所修饰的动词也是双音节的，形成四音节的词组；如果是单音节名词，动词一般也是单音节的，组成的大部分是词，而不是词组"。

（四）绝大多数双音动词携带宾语或补语时，其宾语或补语不宜为单，仅有少数例外。

双音动词携带宾语不宜为单，吕叔湘（1963）注意到了个体的现象，如"可以说'扫街道'而不能说'打扫街'"；冯胜利（1997、2005b）从普通重音的角度对这一普遍现象进行了阐释，提出：在普通重音的作用下，双音动词不宜携带单音宾语，但也发现存在少数例外，如"喜欢.钱、吓唬.人"等，指出这些双音动词明显带有轻声化。

此外，作为动词的一个小类的形式动词，要求其宾语必须为双音形式，朱德熙（1985）就曾指出"虚化动词所带的宾语只能是表示动作的双音节词"。

（五）主谓式做状语，多要求其中的主语和谓语均必须为双。

张邱林（2005）指出，NA 主谓短语充当状语时，在结构上有严格的限制，"进入状位的 NA 主谓短语整齐紧凑，大多是 2+2 音节构成的四字结构，NA 四字结构本来可以扩展的，一旦进入状位扩展就要受到限制"，如：

他口气缓和地说　　　　　*他强硬的口气缓和下来地说
官僚主义程度不同地存在　*官僚主义程度有所不同地存在

他嗓音干哑地说　　　　*他嗓音已经十分干哑了地说

（六）黏合 NV 式定中结构要求其中的动词必须为双音形式。

李晋霞（2003）考察了"$V_双+N_双$"这一结构的格式义对于定中结构构成的制约，吴为善（2013）指出现代汉语中"2+2"的黏合定中 NV 结构显示出较强的能产性，并从动词的指称性等级以及构式语法的角度，讨论这一结构的来源、属性、构式赋义以及结构的整合与非离散性等问题。

以上从六个方面简单地介绍了对特定结构中的要求配双的双音词的关注和研究，这些研究的重点是其语法规则，而非韵律规则，更没有涉及语体与语法相互间的内在作用。

三、特定结构的音律组配模式研究中对"双且求双"现象的涉及

李思旭（2009）对现代汉语动结式的韵律构造模式进行了分析，指出存在三类韵律构造模式，分别为"$V_单+A/V_单$""$V_单+A/V_双$""$V_双+A/V_双$"，并从普通重音的角度讨论了双音动词不宜携带单音补语的原因，但也发现少数例外，如"摆放好、调查好"等。

张国宪（2004）对形动构造的奇偶组配进行了讨论，指出：

1. 主谓关系的"动＋形"通常只有两种音组匹配模式"$动_双+形_单$"，如"说话慢"；"$动_双+形_双$"，如"翻译准确"，而当双音形容词充当谓语时，充当主语的动词不可为单，必须为双，如"*译准确、*修困难、*制精巧、*用方便"。

2. 述补关系的"动＋形"组合可以实现三种音组模式："$动_单+形_单$"，如"关严、摆齐、洗净、捆牢"；"$动_单+形_双$"，如"关严

实、摆整齐、洗干净、捆结实"；"动_双 + 形_双"，如"关闭严实、摆放整齐、清洗干净、捆绑结实"。但实现为"动_双 + 形_单"就比较困难，如"*关闭严、*摆放齐、*清洗净、*捆绑牢"，也就是说，双音动词要求补语形容词必须为双，不可为单。

3.状中关系的"形+动"组合，通常只有"形_单 + 动_单"（如"轻放、慢走、重打、苦练"）和"形_双 + 动_双"（如"谨慎处理、认真阅读、灵活运用、冷静思考"）两种偶数音组模式，而难以形成"形_单 + 动_双""形_双 + 动_单"奇数音组构造。也就意味着，双音形容词充当状语要求其修饰的动词必须为双，不可为单。

张国宪（2005）对形名组合的韵律组配图式进行了讨论，指出：主谓关系的"名 + 形"组合是一种"四缺一"构造，即"名_单 + 形_单、名_双 + 形_双、名_双 + 形_单"合法，而"名_单 + 形_双"非法。也就是说，双音形容词充当谓语时，要求其主语名词不可为单，例如"*水泛滥、*花开放、*鹰翱翔、*马奔驰、*塔耸立、*树栽培"，并且分析其原因为：谓语形容词的状态特征越突显，描写性就越显赫，它对对象成分的个体性要求也就越高。由于双音化后的"洪水、鲜花、雄鹰、骏马、铁塔、果树"相对于"水、花、鹰、马、塔、树"属于下位层次范畴，个体化有所强化的缘故。

端木三（2000）、王洪君（2001）、柯航（2012）等对单双音节搭配组合格局进行讨论时，尽管主要讨论的是"2+1"式和"1+2"式，但对"2+2"式也稍有涉及，如形名"2+2"格式，这其中就涉及双音形容词与单双名词的组合问题，但该角度的研究并不直接以"2+2"现象为主要研究对象，而且其研究把音节的组配问题，即韵律规则摆在了首要的地位，探讨的是韵律与语法的交互作用，而未关注"2+2"结构中的语体语法问题。

四、韵律语法和语体语法系统下对合偶词的研究与收集

吕叔湘（1963）和陈建民（1979）可以说是关注到了汉语中存在着一些"自身为双且求配双"的现象，冯胜利（2003a、2003b、2005b、2006）则是在韵律语法学的理论之下，在语体语法系统之内，从系统的角度对自身为双且必须配双组合的一批词进行了收集、讨论、探索。

冯胜利（2003a、2003b、2005b、2006a、2006b）把汉语中的那些要求双配双的双音词命名为"合偶词"，并指出韵律上的单双与语体上口语和书面语的分立直接对应，合偶词构成了书面语语体的一个重要特征。

不仅如此，冯胜利还详细分析讨论了合偶词的使用规则、使用范围、性质地位、在教学中的重要性，对合偶词进行了收集，并把合偶词作为文体庄雅度的测量的重要因素，其重要观点具体如下：

1. 从使用规则上，提出合偶词要求它们后面的成分至少是双音节形式（或两个以上的音节形式）；但同时也注意到了合偶词内部的差异性，指出在这批书面语词汇里，有一些成员必须在严格的韵律制约之下与另一个双音词组成一个"2+2"的韵律格式才能合法使用。

2. 关于产生时间和使用范围，提出合偶词古代汉语里没有，口语里也不用，它们只在书面正式语体里出现，它们是书面语体

的主要词汇。

3. 对于其性质和地位，冯胜利从语体语法系统的角度对其进行了定性，指出"合偶词是书面正式语体自身发展而来的，属于书面正式语体语法系统中的自生系统"[①]，其"双求双"的规则，并非孤立的现象，而是一种系统性的要求。

4. 指出了合偶词是外国留学生书面语教学中的重要内容，并对其进行了收集，自2005年起先后共收集合偶词300个左右。

5. 提出嵌偶词、合偶词及书面语句型为体现书面正式语体庄雅特征的主要成分，它们不仅可以表现文章的庄雅度，而且能够比较准确地反映出作文水平的高低，并设计了一套对现代汉语书面语的庄雅度进行自动测量的计算方法。合偶词便是这一计算方法中一个重要的计算因素。

继冯胜利（2003、2005、2006）对"合偶词"的研究和收集之后，一些学者也在一定范围内，对合偶词进行了补充性的收集，如崔四行（2009、2012）对副词合偶词、形容词合偶词、名词合偶词进行了补充性的收集，洪爽（2009）则对副词合偶词进行了补充性收集。但补充收集时在合偶词的鉴别标准上存有争议，标准不尽一致。

本书将在冯胜利（2003、2005、2006）有关合偶词的研究基础上，结合其他角度的已有研究，对不同词类的合偶词进行考察，介绍不同词类的合偶词的种类、语体功能，进而把我们对合偶词语法本质的一些初步认识展现给大家。

---

① 即书面正式语体的自生系统，详见冯胜利（2006）。

思考与练习

1. 介绍一下汉语中对"自身为双且要求必须配双组合"现象的已有研究成果。
2. 分析比较不同研究成果的侧重点以及本质差异。

第三章

动词合偶词

第一节　什么是动词合偶词

动词合偶词是自身为双音形式，且在独立与其他单位相组合时，要求其组合对象在光杆形式下必须为双的一类动词。根据这一定义，我们在判断一个动词是否为合偶词时，需要依据以下几个方面：

（一）其自身必须为双音形式。单音节动词必定不是合偶词，如下面几组近义词，其中的双音节词为合偶词，而单音节词不是合偶词：

购买—买　　出售—卖　　安装—安　　抢夺—抢
补习—补　　编制—编　　表演—演　　复印—印
建造—建　　交换—换　　开办—开　　签订—签

上例中的单音节动词"买、卖、安、抢、补、编"等自身为单音节形式，均不是合偶词；双音节动词"购买、出售、安装、抢夺、编制"等自身为双音节形式，满足了动词合偶词的一个条件。

（二）辨别其对组合对象的节律要求时，必须以其独立参与组合时的要求为准，而不能以其复杂形式参与组合时的情况为依据。例如动词"联合"既可以独立充当状语，也可以以复杂形式如"联合起来"充当状语，在辨别该词是否为合偶词时，应以"联合"独立充当状语时的韵律要求为依据，如依据"联合调查""*联合查"，即其组合对象可双而不可单，可以断定"联合"

为合偶词,而不依据"复杂形式"可修饰单音动词,如"联合起来干",否定其合偶词的性质。

(三)其组合对象在光杆形式下必须为双,不可为单。也就是说,我们在考察某一双音动词是否为合偶词时,是以组合对象的光杆形式为依据的,不以复杂形式为依据,若组合对象在光杆形式下必须为双,不可为单,则可以确定该类动词属于合偶词。根据这一点,便可以辨别下面 A 组为非合偶词,而 B 组为合偶词。

A. 非合偶词

得到工作	得到粮食	得到爱情	得到钱	得到粮
锻炼身体	锻炼大腿	锻炼手臂	锻炼腿	锻炼手
离开家乡	离开学校	离开父母	离开家	离开人
补充水分	补充粮食	补充汽油	补充水	补充粮

B. 合偶词

表演戏剧	表演小狗	表演舞蹈
*表演戏	*表演狗	*表演舞
购买图书	购买汽车	购买机票
*购买书	*购买车	*购买票
种植树木	种植花草	种植粮食
*种植树	*种植花	*种植粮
安装门窗	安装电灯	安装电线
*安装门	*安装灯	*安装线

A 组例句中的"得到、锻炼、离开、补充",其宾语既可以

是单音节名词也可以是双音节名词，它们不属于合偶词。B组中的"表演、购买、种植、安装"的宾语不能是单音节名词，因此属于合偶词。

（四）在辨别一个动词是否为合偶词时，其宾语不以人称代词作为测验对象，因为：首先，所有的动词只要可以携带宾语就能以人称代词为宾语；其次，人称代词在韵律上具有特殊性，属于韵律隐形成分。基于这两点，人称代词不能作为检验手段。

依据以上动词合偶词的定义以及具体的四条鉴别标准，并结合已有的相关研究，我们对《汉语水平词汇与汉字等级大纲》中的动词进行了考察，发现汉语中有一些双音节动词在充当谓语中心语时对其宾语有很强的节律要求，还有一些双音动词则在充当状语时，对其修饰限定的中心语有节律上的要求，请看下面的例子：

第一组：动宾结构

A. "双+双"且*"双+单"

　　购买图书　种植大树　安装门窗　办理事情　搬运货物
　　*购买书　　*种植树　　*安装门　　*办理事　　*搬运货

B. "双+双"且"双+单"

　　安排车辆　喜欢金钱　研究语言　准备饭菜　提供水分
　　安排车　　喜欢钱　　研究山　　准备饭　　提供水

C. "单+双"且"单+单"

　　买图书　　种大树　　安门窗　　办事情　　搬货物
　　买书　　　种树　　　安门　　　办事　　　搬货

第二组：状中结构

A."双 + 双"且 * "双 + 单"

  联合攻打 选举决定 飞跃前进 滚动播放 胜利收复

*联合打 *选举定 *飞跃进 *滚动播 *胜利收

B."双 + 双"且"双 + 单"

  放心离开 放手工作 集中购买 继续陈述 分类摆放

  放心走   放手干   集中买   继续说   分类放

C."单 + 单"

  抢注 改用 赶做 倒提 试养 散存

  第一组中，例 A 中的双音动词在构成动宾结构时，要求其宾语在光杆形式下必须为双音形式，不可为单音形式；与之相比，例 B 尽管也是双音动词，但无 A 的要求，例 C 则自身为单音形式。

  第二组中，例 A 中的双音节动词在充当状语构成状中结构时，要求其所修饰的动词在光杆形式下必须为双；例 B 中的动词尽管为双音形式，但其组合对象可单可双；例 C 中的动词为单音节形式。

  根据动词合偶词的定义，我们可以断定以上两组中各自的例 A 属于动词合偶词，其他的为非动词合偶词。二者的差异在于它们充当的成分和配双的对象不同。也就是说，根据句法功能的不同，动词合偶词可以分为谓语中心语位置上的动词合偶词和状语位置上的动词合偶词。下面分别具体来看这两类动词合偶词。

第二节　谓位动词合偶词

谓位动词合偶词是自身为双,且在它们独立充当句子的谓语中心语时,要求其宾语在光杆形式下必须为双、不可为单的一类动词,即:

VV → 谓位合偶词 / [____+NN$_{双}$]$_{动宾}$,*[____+N$_{单}$]$_{动宾}$

我们对合偶词的界定是以其与光杆形式组合时的韵律要求来界定的,实际上,倘若考虑复杂形式,动词合偶词则是要求特定的组合对象至少为双。具体而言,根据其组合对象满足至少为双这一要求时,可以采用多种手段,依据手段的不同,可以将动词分为严式动词合偶词和宽式动词合偶词。严式谓位动词合偶词是指宾语无论是光杆词还是复杂形式,其宾语中心语均必须以双音形式存在的一类双音动词。宽式则是指其宾语若为光杆词则必须为双,若为复杂形式则允许中心词为单的一类双音动词。

严式谓位动词合偶词构成的最简结构为"2+2"的典型结构,并可以在此基础上构成"2+(X)+2"的扩展结构。宽式谓位动词合偶词除了构成"2+(X)+2"的典型结构以外,还可以构成非"2+2"的,如"2+X$_{\geq 2}$+1"的结构,我们称其为"变体结构"。

根据我们对《汉语水平词汇与汉字等级大纲》中各个动词的考察,下面具体来看严式谓位动词合偶词和宽式谓位动词合偶词。

一、严式谓位动词合偶词

严式谓位动词合偶词,要求它的宾语中心语必须以双音节韵律词的形式存在,在实现双音的方式上,有的要求其宾语中心语必须为双音节名词，有的则既可以是双音节名词，也可以是单音名词与另一单音形式组合而成的双音形式。也就是说，严式谓位动词合偶词所能构成的结构的最简形式为"VV + N$_{双}$"或"VV +[⋯N$_{单}$⋯]$_{双}$"，而不可为"VV + [⋯N$_{单}$⋯]$_{双音}$"，即：

VV → 严式谓位动词合偶词 / [＿＿＿ + NN$_{双}$]$_{动宾}$"或 [＿＿＿ + [⋯N$_{单}$⋯]$_{双}$]$_{动宾}$，且 *[＿＿＿+N$_{单}$]$_{动宾}$

根据宾语性质的不同，"严式"谓位动词合偶词主要包括以下三类：

（一）以"双音动词"为宾语的谓位动词合偶词

有一类谓位动词合偶词，不仅要求其宾语中心语必须是双音形式，而且其宾语多为双音动词，即：

VV → 严式谓位动词合偶词 /"[＿＿＿ + [VV]$_{双}$]$_{动宾}$"，且 *[＿＿＿+N$_{单}$]$_{动宾}$

具有该类特点的动词主要有两类：

1. 形式动词。形式动词（dummy verb），朱德熙（1985）又称之为"虚化动词"。该类动词为双音节形式（仅有一个为单音节形式），意义虚化，句法上要求其宾语必须为双音节形式，或为双音节及物动词，或为表示动作行为的名词；语体色彩上，具有较强的书面正式语体色彩。普遍公认的形式动词主要有以下几个：

进行：进行调查　进行研究　进行改革　进行商讨　进行拍卖
从事：从事调查　从事研究　从事改革　从事活动　从事工作
加以：加以表扬　加以批评　加以研究　加以改正　加以劝导
给以：给以鼓励　给以表扬　给以帮助　给以警告　给以肯定

予以：予以支持　予以实施　予以重用　予以消灭　予以拒绝
给予：给予赞扬　给予答复　给予反击　给予援助　给予处罚
作：　作研究　　作调查　　作准备　　作报告　　作安排

形式动词绝大多数为双音形式，这七个中仅"作"一个为单音形式。形式动词表现出了很多与普通动词不同的地方，如：

1) 意义虚化。朱德熙（1985：10）曾指出，这些动词原来的词汇意义已经明显地虚化了，因此在某些句子中把它们去掉并不影响原句的意义，如：

（1）他们花了整整一天时间（进行）调查。

（2）关于矛盾的特殊性问题应当着重地（加以）研究，并用足够的篇幅（加以）说明。

（3）对于这种损坏公物的行为应当（给以）批评。

（4）首恶分子必须（予以）批评。

2) 要求其宾语为双音节形式，排斥单音节形式的宾语，如：

　　进行调查　　加以批评　　予以处罚　　从事改革　　给予帮助
*进行查　　*加以批　　*予以罚　　*从事革　　*给予帮

　　进行学习　　加以改变　　予以调整　　从事教育　　给予赔偿
*进行学　　*加以改　　*予以调　　*从事教　　*给予赔

形式动词不仅要求其宾语在光杆形式下必须为双音形式，而且这个双音形式必须为双音动词，不能为短语，句法词①也多受到排斥，例如：

　　进行调查　　进行学习　　进行杀戮　　进行购买

---

① 有关"句法词"请详见本套丛书之《汉语的句法词》（庄会彬，尚未出版）。

*进行查完	*进行学好	*进行杀死	*进行买完
*进行定查	*进行重学	*进行错杀	*进行代购
予以挫败	予以批评	给予赞扬	给予帮助
*予以打败	*予以批骂	*给予大赞	*给予常帮
*予以屡挫	*予以狠批	*给予厚赞	*给予暗助

允许进入的句法词多已固化成词，如"予以重用""加以严惩"中的"重用、严惩"已经成为一个独立的词。

3）充当其宾语的动词大多为及物动词，并且及物动词一旦充当了形式动词的宾语，就必须去掉其原有宾语。

不及物动词都不能充当形式动词的宾语，例如：

*给予休息	*加以微笑	*进行行走	*进行蔓延
*给予哭泣	*加以喧嚷	*进行游泳	*进行爬行

"休息、微笑、行走、蔓延、哭泣、喧嚷、游泳、爬行"均为不及物动词，不能充当形式动词的宾语。

不仅如此，双音节及物动词在充当形式动词的宾语时，不可直接携带宾语，其宾语有的可由介词介引充当形式动词的状语，也有的可直接充当原双音动词的修饰语，二者构成定中关系，如：

调查此事	改革经济	鼓励学生
对此事进行研究	进行经济改革	对学生加以鼓励
*进行研究此事	*进行改革经济	*加以鼓励学生
研究化学	援助灾区	姑息腐败行为
从事化学研究	对灾区给予援助	对腐败行为给以姑息
*从事研究化学	*给予援助灾区	*给以姑息腐败行为

4）充当宾语的双音节动词可以为某些名词、形容词、数量词所修饰，尤其是当修饰语为形容词时，多数既可做宾语的修饰语，也可做形式动词的状语，但是它们不受时间名词、处所名词、表处所的介词结构以及某些副词修饰，这些成分只能充当形式动词的状语，如：

  认真进行调查 科学地加以疏导 严厉地加以批评
  进行认真调查 加以科学疏导 加以严厉批评
  马上进行调查 及早予以考虑 赶快加以准备
*进行马上调查 *予以及早考虑 *加以赶快准备
  明天进行调查 明年予以考虑 今天进行准备
*进行明天调查 *予以明年考虑 *加以今天准备
  在北京进行调查 对该方面予以考虑 在学校加以准备
*进行在北京调查 *予以在该方面考虑 *加以在学校准备

上例中"认真、科学、严厉"等形容词既可以修饰形式动词，也可以修饰双音宾语，但副词"马上、及早、赶快"，时间名词"明天、今天、明年"，表达处所的"在北京、在该方面、在学校"只能修饰形式动词。

5）在语体上，形式动词具有较强的书面正式语体色彩，带有轻声的强口语性的双音节动词无法与之搭配，例如：

  调查这件事 关爱孩子 研究数学
  对这件事进行调查 对孩子给予关爱 从事数学研究
  唠叨这件事 收拾房间 得罪领导
*对这件事进行唠叨 *对房间予以收拾 *对领导加以得罪

形式动词在以上几个方面均表现出了与普通动词很大的不同。

2. 具有"致使义"的一些双音动词。除了形式动词，汉语中还有一类双音节动词，具有较强的书面语体色彩，它们语义上多相当于口语的"使…X…"，其宾语除了可以是名词外，也可是光杆动词，还可以是复杂结构，无论是哪种情况，它的组合对象至少为双，尤其当其组合对象为光杆名词或光杆动词时，必须为双，不可为单。

从《汉语水平词汇与汉字等级大纲》中，我们共收集到53个这样的双音节动词，它们分别为：

保持	保护	避免	产生	出现	促进	促使	达到
导致	发生	防止	获得	激起	加大	加紧	加剧
加强	加深	加速	加重	减轻	减弱	减少	降低
禁止	扩大	排除	强化	取得	确保	深化	深入
实现	受到	推迟	推动	推进	维持	维护	形成
延长	延缓	引起	遭到	遭受	造成	增加	增进
增强	中断	助长	滋长	综合			

该类双音节动词，其宾语若为名词、动词、形容词，则需其自身为双音节词，由两个单音词组合而成的双音形式的情况都受到极大的限制，即：

$$VV + \cdots\cdots + [V/N/A]_{双}$$

$$*VV + \cdots\cdots + [V/N/A]_{单}$$

$$*VV + \cdots\cdots + [[\cdots V/N/A_{单}\cdots]_{>2} / [\cdots V/N/A_{单}\cdots]_{2}$$

例如：

保持增长	保持领先	保持灵敏	保持旺盛
*保持长	*保持领	*保持灵	*保持旺

保持水分	保持生命	保持更长久	保持快速增长
*保持体内的水	*保持它的命	*保持更长	*保持快速长
增进交流	增进信任	增进来往	增进学习
*增进交	*增进信	*增进来	*增进学
增进情谊	增进利益	增进贸易	*增进和平
*增进情	*增进利	*增进买	*增进和
引起震动	引起爆发	引起涨落	引起死亡
*引起动	*引起爆	*引起涨	*引起死
引起火灾	引起疾病	引起巨浪	引起酸雨
引起火	*引起病	*引起浪	*引起雨

上面的例子中，宾语中心语无论是名词还是动词，均不可为单音形式，必须为双音形式。此外，该类动词合偶词与名词组合时，尽管并不完全排斥具体名词，但以抽象名词居多。

该类动词合偶词除了可以和名词或动词组合以外，有的还可以后加"名词+动词"，构成"V+N+V"兼语结构，在这一结构里，也多要求其后的动词甚至名词必须以双音形式存在，如：

引起铁路塌方	*引起路塌方	*引起铁路塌	引起路塌
防止车辆倾倒	?防止车倾倒	*防止车辆倒	防止车倒
导致士兵死亡	*导致人死亡	*导致士兵死	导致人亡
派遣骑兵追杀农民		*派遣兵追杀农民	
*派遣骑兵杀农民		派遣兵杀农民	
确保信件到达北京		?确保信到达北京	
?确保信件到北京		确保信到北京	

保证树木在稳定的温度下生长？保证树在稳定的温度下生长
＊保证树木在稳定的温度下长　？保证树在稳定的温度下长

可见，该类动词对其后的成分有很强的节律要求。这一点与形式动词是一致的，但也存在诸多不同之处，请看：

1）与形式动词相同，可以以双音节动词为宾语，但并不要求必须为及物动词，例如：

加紧休息　增进合作　保持增长　出现变化　造成积压
达到自给　加剧竞争　防治脱落　促进增长　延缓衰老

2）表达的语义内容并不虚化，但非常抽象，多数含有"使……怎么样"的意义。形式动词可以去掉不影响句子的意义，该类动词去掉会影响句子的意义，例如：

（5）a. 欧盟将利用扩大的机会加快对独联体西部和外高加索的渗透。（新华社2004年4月新闻报道）

b. 欧盟将利用扩大的机会对独联体西部和外高加索渗透。

（6）a. 人民解放军继续深化改革。（《中国政府白皮书》）

b. 人民解放军继续改革。

（7）a. 适量服用DHEA不但有助于美容，而且能够延缓衰老。

（新华社2001年6月新闻报道）

b. 适量服用DHEA不但有助于美容，而且能够衰老。

比较上面例子中的（a）(b)，就会发现，"加快、深化、延缓"等词用与不用，其表达意义完全不同。可见，它们意义并未虚化。

3）若充任其宾语的动词为及物动词，那么原动词的宾语转化为介宾短语之后，多不宜放在新谓语动词之前，而多应放在新宾语之前，例如：

促进对科学的了解　激起对幻想的强烈渴望　　维持对利比亚的制裁
*对科学促进了解　*对幻想激起强烈渴望　　*对利比亚维持制裁
造成对海水的污染　实现对伊拉克政府的控制　加重对吸毒者的处罚
?对海水造成污染　?对伊拉克政府实现控制　?对吸毒者加重处罚

此外，在该类结构中，宾语动词的修饰性定语还可以是其原结构的主语、状语，这是形式动词构成的结构所不允许的，例如：

促进全国人民的团结　推动人民运动的高涨　加速脉搏的跳动
保持经济的飞快发展　维持开始时的平衡　　推动其在中国的发展

该类双音动词也同样具有较强的书面正式语体色彩，这与形式动词又是一致的。

（二）仅以"抽象名词"为宾语的动词

还有一类双音节动词，它们的宾语只能是抽象名词，不能是具体名词，并且这些抽象名词普遍具有较强的书面语体色彩。汉语中尽管并非所有的双音节名词都是抽象名词，但抽象名词，尤其是书面语体性质的抽象名词基本上均以双音节形式存在。这样一来，以抽象名词为宾语的动词，其宾语的最简形式便是双音节词，即该类严式谓位动词合偶遵循以下规则：

VV→严式谓位动词合偶词／"[＿＿＿＋NN$_{双音抽象名词}$]$_{动宾}$"，且 *[＿＿＿＋N$_{单}$]$_{动宾}$

该类双音动词构成的最简结构和扩展结构分别为：

[VV＋NN$_{双音抽象名词}$]$_{动宾}$

[VV＋……＋NN$_{双音抽象名词}$]$_{动宾}$

例如：

具备条件	具备素质	具备资格	具备优势	具备能力
表达爱情	表达思想	表达感情	表达意思	表达心思
采取办法	采取行动	采取措施	采取意见	采取行动
测验水平	测验程度	测验能力	测验成绩	测验口语
传播病毒	传播文化	传播技术	传播友谊	传播谣言
废除法令	废除特权	废除条约	废除制度	废除章程
改善生活	改善态度	改善待遇	改善环境	改善关系

《汉语水平词汇与汉字等级大纲》中只能带"抽象名词"宾语的双音节动词约有132个，它们要求其宾语中心语的最简形式必须为双音节词，即与其宾语组成"2+2"的典型的双合结构，该类动词属于"严式谓位动词合偶词"。

该类动词合偶词表达的动作不具体，动作性弱，绝大部分不能重叠，132个中有20个可以重叠，分别为"交流、领会、调和、借鉴、鼓吹、反馈、表现、发展、提高、发挥、发扬、交流、克服、提倡、稳定、响应、征求、传达、普及、整顿、缓和"。

（三）以"双音具体名词"为宾语的动词

汉语中还有一些双音动词，其共同特征是均可以携带具体名词性宾语，但是其宾语必须是双音节的。该类双音节动词，根据其宾语能否被表达个体的数量短语修饰，可细分为以下两类：

（1）宾语必须为双音名词，且不能被表个体的数量短语修饰。

有一些双音节动词，不仅其携带的具体名词宾语必须为双音形式，而且其宾语前不宜加表达个体的数量成分，即遵循下面的

规则:

VV → 严式谓位动词合偶词 / [____ + ⋯ + NN 双音抽象名词]动宾,且 *[____ + 一 + 个体量词 + [NN]双音抽象名词]动宾,*[____ + N 单]动宾

我们从《汉语水平词汇与汉字等级大纲》中共发现 16 个该类双音动词,它们分别是:

扩张领土	*扩张一片领土	零售弹药	*零售一箱弹药
流露表情	*流露一个表情	迷失道路	*迷失一条道路
勘探石油	*勘探一亿吨石油	纵横城乡	*纵横一个城市
启示人民	*启示一位科学家	拖延生命	*拖延一条生命
叙谈旧事	*叙谈一件旧事	诊断疾病	*诊断一种疾病
奉献生命	*奉献一条生命	紧缩粮食	*紧缩十吨粮食
服务人民	*服务一名伤员	畅谈往事	*畅谈一件往事
生殖后代	*生殖一个后代	复兴国家	*复兴一个国家

这些双音动词尽管可以与具体名词相组合,但要求组合对象的最简形式必须是双音节形式,且多是双音节词,与宾语也构成了典型的"2+2"的双合结构,属于另一类型的严式动词合偶词。

从搭配宾语的具体和抽象来看,该类动词合偶词有的可以与抽象名词组合,如"扩张、流露、纵横、复兴"等;有的只能与具体名词组合,如"烹饪、零售、生殖"等。从能否重叠来看,该类动词合偶词均无法重叠,其动作性很弱,动作抽象复杂。

(2)宾语必须为双音形式,但可以被表个体的数量短语修饰。

还有一类动词合偶词,要求其宾语中心语也必须为双音形式,与上面一类不同的是,其宾语可以被表达个体的数量短语修饰。该类动词合偶词,其宾语在满足双音的要求上相对自由一

些，其宾语的中心语可以是自身为双音节词，也可以是自身为单，但与另一个单音组合为双。也就是说，该类双音动词要求其宾语中心语必须以双音节韵律词的形式存在，或自身为双，或组合为双，即遵循下面的规则：

[VV+NN_双]_{动宾}

[VV+……+[X+N_单]_双]_{动宾}

[*VV+[X+N_单]_{非双}]_{动宾}

《汉语水平词汇与汉字等级大纲》中，该类动词合偶词有 16 个，例如：

建筑桥梁　　*建筑桥　　建筑大桥　　*建筑一座桥
? 建筑一座跨海的桥

举行会议　　*举行会　　举行大会　　*举行一个会
? 举行一个语言学的会

摧毁楼房　　*摧毁楼　　摧毁高楼　　*摧毁一座楼
? 摧毁一座失修的楼

开办店铺　　*开办店　　开办新店　　*开办一家店
? 开办一家五星级的店

防守江桥　　*防守桥　　防守大桥　　*防守一座桥
? 防守一座重要的桥

发射光芒　　*发射光　　发射红光　　*发射一道光
? 发射一道红色的光

袭击村庄　　*袭击村　　袭击后村　　*袭击一个村
? 袭击一个偏僻的村

该类动词多与具体名词组合，较少与抽象名词组合。它们的宾语中心语可以是双音词，如"桥梁、会议、楼房、店铺"等，也可以是单音名词与另一单音节组合而成的双音形式，如"桥、会、楼、店"等添加修饰语构成双音形式的"大桥、大会、高楼、新店"等；但不宜搭配以单音节为中心所构成的"三音"或"多音"的短语，如"一座桥、一个会、一座楼、一家店"以及"一座跨海的桥、一个语言学的会、一座失修的楼、一家五星级的店"等充当该类动词的宾语时均有些拗口，不通顺。

该类双音动词也要求其宾语中心语必须为双，其构成的动宾结构的最简形式为"2+2"的典型双合结构，属于又一类型的"严式谓位动词合偶词"。

该类动词合偶词除了其宾语多是具体名词，且可以被个体数量词修饰外，其动词绝大多数不可重叠，我们仅发现两例可以重叠，它们分别为"享受""呼吸"。也就是说，在重叠能力上，与上面所谈的几类严式动词合偶词是相近的，重叠能力很弱。

综合以上分析，汉语中的严式谓位动词合偶词共包括三大类：以双音动词为宾语的动词，以抽象名词为宾语的动词，以具体双音名词为宾语的动词。尽管它们所要求组合的宾语的性质有所不同，但在对宾语的音节要求上具有很强的一致性：均要求其宾语的中心语为双音节韵律形式，且多为双音节词。该类动词与其宾语构成的组合的最简形式为"2+2"的典型双合结构，并且可以在此基础上形成"2（+…）+2"式的扩展结构。此外，在表达内容的抽象性和重叠能力上，也表现出了很强的一致性：从表达内容的具体和抽象来看，该类动词合偶词表达的内容均较为抽象，有的甚至不包含清楚的词汇内容，如"形式动词"，有的则表达的动作复杂，如"建筑""举行"很难用几个具体的动作表达其含义；在重叠能力上，严式谓位动词合偶词绝大多数不可重叠，仅有少量可以重叠。

二、宽式谓位动词合偶词

除了以上的"严式"谓位动词合偶词外，汉语中还有一些动词合偶词，并不要求其宾语中心语必须为双音形式。其宾语除了可以为双音形式外，还可以是以单音名词为中心构成的非双音形式，甚至有的能与有限的单音动词相组合，我们把该类动词称为"宽式谓位动词合偶词"，把它们与非双音词组合而成的结构称为变体结构。根据变体形式的不同，宽式谓位动词合偶词可以分为以下两种类型：

1. "$2+[\cdots+1]_{>2}$"式动词合偶词

汉语中有一些双音节动词，如"办理""安装"等，其宾语名词若为光杆形式，则要求必须为双，不可为单。这一点与"严式谓位动词合偶词"表现出了很强的一致性，但若考察其复杂形式，则有所不同：当其宾语为复杂形式时，它们并不要求其宾语中心语必须为双，或必须与另一双音节组合成双，而可以是以单音名词为中心的三音形式或多音形式，只要其宾语整体音节数量不小于2即可。也就是说，除了"$2+\cdots+2$"和"$2+\cdots+[1+1]$"格式外，还接受下面的韵律模式：$VV+\cdots+[\cdots+N_{单}]_{>2}$，我们把该类动词称为"宽式谓位动词合偶词"，即：

$VV \rightarrow$ 宽式谓位动词合偶词 / [____+$\cdots$+$N_{双}$]$_{动宾}$，[____+[$\cdots$+$N_{单}$]$_{>2}$]$_{动宾}$，且 *[____+$N_{单}$]$_{动宾}$

《汉语水平词汇与汉字等级大纲》中，该类动词合偶词共有644个，如：

打扫道路　　*打扫路　　打扫小路　　打扫一条路
打扫一条极脏的路
安装门窗　　*安装门　　安装铁门　　安装一扇门
安装一扇崭新的门
报道新闻　　*报道事　　报道政事　　报道一件事
报道一件重要的事
调查事件　　*调查事　　调查丑事　　调查一件事
调查那件刚发生的事
封锁山谷　　*封锁山　　封锁后山　　封锁一座山
封锁那座着火的山
负责事宜　　*负责事　　负责婚事　　负责这件事
负责孩子们出国的事
复印图书　　*复印书　　复印新书　　复印一本书
复印一本新出版的书

该类双音节谓位动词合偶词与严式谓位动词合偶词的一个重要不同就是，当宾语为复杂短语时，并不要求其中的中心语必须为双，只要宾语整体的音节数量不小于2即可。也就是说，它们既可以与双音节形式构成最简"2+2"的典型双合结构，也可以与以单音名词为中心的多音结构相组合，即构成变体结构"VV+…+X$_{非单}$+N$_单$"，如"办理一张卡、打扫一条路、安装一扇门"，等等。

该类动词，从表达的内容来看，其具体程度要比严式谓位动词合偶词要有所增强，其复杂性有所降低，且或多与日常生活相关，或多属个体可为的动作行为。从是否能够重叠来看，能够重叠的有 167 个，不能重叠的有 447 个，可见不能重叠的所占比例仍然较大，这与单音动词和带轻声的双音动词很不相同。

2. 有限"2+1"式动词合偶词

汉语中还有一些双音节动词，不能与绝大多数单音名词直接构成动宾结构，但可以与有限的单音名词直接组合，主要限于"人""事"两词。也就是说，这些双音动词，并不完全排斥单音宾语，但对单音宾语的接纳性是极其有限的。根据我们的考察，该类双音动词，既可以与双音形式组成"2（+…）+2"结构，也可以与以单音名词为中心的多音结构组成"2（+…）+1"结构，并且这两种结构是该类动词最为主要的组构方式。此外，它们还可以与"人"或"事"组成"2+1"结构，这是它区别于其他合偶动词的重要特征，例如：

a. ? 辅助人　? 表彰人　? 教导人　? 赞美人　? 敬重人
b. 　帮助人　　表扬人　　教育人　　称赞人　　尊敬人

上例中 a 组例子"辅助、表彰、教导、赞美、敬重"与 b 组语义相近，但对"人"的接受情况，迥然有别，a 组无法与"人"组合，而 b 组则可以。

基于该类双音节动词的这一特征，我们把它们看作是一类"宽式谓位动词合偶词"，其有限的"2+1"用法看作是其变体形式。该类动词合偶词遵循如下规则：

VV → 宽式谓位动词合偶词 / ____+…+N$_{双}$, ____+ 人/事，且 *____+N$_{单}$

《汉语水平词汇与汉字等级大纲》中，该类双音动词共有129个，例如：

帮助	帮助人	*帮助兵	帮助士兵	*帮助鸟	帮助小鸟
报复	报复人	*报复贼	报复小偷	*报复狼	报复恶狼
表扬	表扬人	*表扬兵	表扬士兵	*表扬党	表扬党员
嘲笑	嘲笑人	*嘲笑狗	嘲笑野狗	*嘲笑树	嘲笑大树
操纵	操纵人	*操纵车	操纵火车	*操纵地	操纵土地
收买	收买人	*收买鬼	收买小鬼	*收买心	收买人心
伤害	伤害人	*伤害狗	伤害动物	*伤害树	伤害树木
激励	激励人	*激励兵	激励士兵	*激励党	激励党员
攻击	攻击人	*攻击村	攻击村庄	*攻击县	攻击县城

这些双音动词所能带的单音宾语主要是"人"和"事"，而且以"人"居多，我们考察到的这129个中，仅有3个可与"事"组合，它们分别为"妨碍事、商量事、挑拨事"。

尽管该类双音动词能够进入"2+1"组合模式，但它们与能与单音节自由组合的双音动词并不相同，具体表现在以下几点：

（1）组合能力不同。该类合偶双音动词只能与有限的一两个单音词组合，其组合模式为受限组合，而非合偶双音动词可以与很多的单音名词组合，其组合模式为自由能产性组合，①例如下面的非合偶双音节动词：

喜欢	喜欢人	喜欢钱	喜欢花	喜欢山
爱好	爱好书	爱好花	爱好酒	爱好茶

---

① 对于该类现象，端木三（2000）、冯胜利（2005a）、匡腊英（2003）、黄梅（2014）作过详细的讨论。

爱护	爱护树	爱护草	爱护山	爱护水
产生	产生电	产生爱	产生光	产生热
接触	接触人	接触电	接触水	接触钱
认识	认识人	认识字	认识山	认识水
污染	污染水	污染土	污染树	污染地
准备	准备饭	准备菜	准备车	准备粮
提供	提供水	提供粮	提供车	提供饭

这些非合偶双音节动词可以与很多单音名词相组合，它们对单音名词是开放的，而前面所讲的宽式谓位动词合偶词对单音节的接受度是有限的，通常情况下，它们还是需要宾语整体的音节数不小于2。

（2）宾语在实指和泛指上有所不同。该类双音动词合偶词构成的"2+1"结构中的宾语并不具体指称某一对象，属于泛指；而普通动词的宾语则是具体指称某一对象。试比较：

A	B
请不要随便批评人。[①]	请不要随便批评学生。
她特别喜欢批评人。	这个校长经常批评老师。
批评人很伤感情。	批评学生会影响学生的积极性。

上面A组为合偶动词的变体组合，B组为非合偶动词的正常组合。A组中的"人"为泛指，它既不具体指称"人类"这一群体，也不具体指称"人类"的"某一群体"，如"批评人"和"批评人类"是迥然不同的，前者主要表达的是"批评"这一行为，而后者表达出了"批评"这一动作以及其支配的对象是"人类"，

[①] 本书中未标明出处的例句为自拟例句。

而非其他群体。B组则具体指称某一对象，如"批评学生"，这里的"学生"实指"学生"这一群体。总体来看，A组多不表达具体的动作事件，而B组表达具体的动作事件，反过来看，当要表达具体的动作事件时，不宜使用"A"式，试比较下面两句话：

？我马上帮助人。　　我马上安排人。

这两句话，语感上，前者怪异，后者很通顺；语义上，前者的"人"不指称具体的对象，而后者则指称某一个或几个个体。

此外，这两种结构中宾语的轻重音也不相同，合偶动词构成"2+1"结构，其中的单音宾语的读音不宜太重，而非合偶双音动词的单音宾语不宜太轻。这恰好与其实指和泛指相吻合。

（3）两种结构对于动态助词的插入的接受性不同。合偶动词构成的"2+1"不宜在中间插入"了、着、过[①]"，而非合偶双音动词中可以自由插入，请比较以下两组：

A组　合偶动词"2+1"

鼓励人	*鼓励了人	鼓励孩子	鼓励了孩子
报复人	*报复了人	报复敌人	报复了敌人
吹捧人	*吹捧过人	吹捧别人	吹捧过别人
讽刺人	*讽刺过人	讽刺名人	讽刺过名人
干扰人	*干扰着人	干扰病人	干扰着病人
敷衍人	*敷衍着人	敷衍众人	敷衍着众人

B组　非合偶词动词"2+1"

| 安排人 | 安排了人 | 安排工人 | 安排了工人 |

---

① 这些词在否定句中可以用"过"，如"他从来没有吹捧过人"，但肯定句中多不合法，如"*1993年，人也曾吹捧过人"。

化验血	化验了血	化验血液	化验了血液
产生电	产生着电	产生电能	产生着电能
代替水	代替着水	代替水源	代替着水源
使用刀	使用过刀	使用刀具	使用过刀具
喜欢钱	喜欢过钱	喜欢金钱	喜欢过金钱

这一方面说明动词合偶词构成的"2+1"结构组合紧密，单音名词紧密贴附在双音动词之上，与前面的双音动词组合成了一个紧式"2+1"三音节韵律单位；另一方面，我们也会感到，加"了"以后，宾语"人"非常强烈地要求被具体化为某一具体的个体或群体，这再次反映了其表达对象不具体的特征。非合偶双音动词组合而成的"2+1"结构组合并不紧密，与普通的双音动词组成的动宾结构相同，其表达的对象也相对来说更为具体。

基于以上几点，该类动词的"2+1"组合不仅不能产，而且特征与普通的"2+1"式动宾组合很不相同，因此，把这一类动词看作是动词合偶词的变体结构是比较恰当的。同时该类动词也反映了"双+双"规则的强制性，倘若不为双则必然改变其性质，从而构成一种"变体形式"。

综上所述，谓位动词合偶词主要包括严式和宽式两大类。它们的共同特点是，并不严格地要求宾语中心语必须为双音节词；有所不同的是，宽式以某种形式接纳了单音名词，即其"双配双"的韵律要求有所降低。

第三节　状位动词合偶词

除了在充当谓语中心语时，有一些动词在对其宾语的音节数量存在要求以外，还有一些动词在充当状语时对其修饰限定的动词也存在很强的节律要求。

动词很少能够充当状语，但充当状语的动词确实存在，很多专家对该类现象有过讨论，如汪惠迪（1958）、洪心衡（1963）、邢福义（1980）、李临定（1983）、王政红（1989）、孙德金（1997），等等，其中孙德金（1997：121）涉及了动作做状语时的音节组配问题，指出"做状语的动词有单音节和双音节两类，从我们收集到的用例来看，一般前动是单音节的，后动也是单音节；前动是双音节的，后动也是双音节"，并且对充当状语的单双动词进行了统计考察，共发现78个可以充当状语的双音动词。

我们对这78个可充当状语的双音动词再一次进行了逐一考察，发现并非所有的双音动词均要求与其组合的光杆动词必须为双。在这78个充当状语的双音动词中有16个可以直接与单音动词自由组合，它们分别为"抓紧、统一、交叉、加紧、继续、放心、分工、加班、集中、加速、分散、并列、放手、反复、综合、降价"，例如：

抓紧学	抓紧看	抓紧找	抓紧写	抓紧做
统一去	统一走	统一说	统一看	统一送
交叉看	交叉写	交叉说	交叉去	交叉读
加紧写	加紧做	加紧卖	加紧查	加紧管
继续学	继续找	继续劝	继续治	继续猜
放心学	放心住	放心买	放心用	放心吃
加班学	加班干	加班卖	加班修	加班挖
集中学	集中去	集中管	集中查	集中买
分工找	分工做	分工搬	分工干	分工查

加速跑　　加速走　　加速开　　加速跳　　加速找

可见，从合偶词这一角度来看，并非所有的能够充当状语的动词均属于合偶词，这 78 个动词中有 62 个属于合偶词，它们要求其修饰的光杆动词必须为双，不可为单，例如：

变换映射　　变换推导　　变换建立　　变换运用
*变换照　　*变换推　　*变换建　　*变换用

并列排开　　并列蹲伏　　并列组合　　并列使用
*并列排　　*并列蹲　　*并列组　　*并列用

跟踪追击　　跟踪测量　　跟踪调查　　跟踪观摩
*跟踪追　　*跟踪测　　*跟踪查　　*跟踪看

隔离审查　　隔离治疗　　隔离审讯　　隔离测量
*隔离查　　*隔离治　　*隔离审　　*隔离量

我们把这种能够独立充当状语，且与光杆动词组合时，要求动词必须为双、不可为单的双音动词，称为"状位动词合偶词"。状位动词合偶词用规则可表述为：

VV → 状位动词合偶词 / [＿＿+VV$_双$]$_状中$，*[＿＿+V$_单$]$_状中$

依据独立与光杆动词组合时是否要求动词必须为双，可以辨别充当状语的双音动词哪些是合偶词，哪些非合偶词，而根据其与复杂形式组合时其所修饰动词的音节形式，可以区分"严式"状位动词合偶词和"宽式"状位动词合偶词。

一、严式状位动词合偶词

有一些状位动词合偶词，不仅在与动词的光杆形式组合时要求其必须为双，而且与其复杂形式组合时也要求其中的动词必须以双音形式出现，或自身为双音词，或与另一音节组合为双，我们把该类合偶词称为严式状位动词合偶词，即：

VV → 严式状位动词合偶词 / [＿＿＿+[…+VV_双+…]]_状中，且 *[＿＿＿+[…V_单…]_双]_状中

例如：

突击检查	突击检查宿舍	*突击查宿舍	*突击地查宿舍
联合调查	联合调查案件	*联合查案件	*联合地查案件
飞跃增长	飞跃地增长	*飞跃长	*飞跃地提工资
滚动播放	滚动地播放	*滚动播	*滚动地往前推
监督检查	监督查案	*监督查案子	*监督地查案子
隔离治疗	隔离治病	*隔离治癌症	*隔离地治癌症

以上这些独立充当状语的双音动词均要求它们所修饰的动词无论是在光杆形式下还是在复杂形式下，均必须为双音形式，不可为单音形式。也就是说，它们与中心词构成最简结构为"2+2"的典型双合结构。

该类状位动词合偶词，有一些除了可以构成最简的"2+2"结构以外，也可以有扩展形式，扩展的方法主要是其中的动词携带宾语或补语，但中间一般不能插入其他成分，例如：

伴随出现	伴随出现雷阵雨	*伴随逐步出现
循环利用	循环利用废弃家电	*循环有效利用废弃家电
变换使用	变换使用远近灯	*变换有序使用远近灯
补充说明	补充说明几个问题	*补充向他说明
持续转动	持续转动下去	*持续向左转动

但也有少数很难携带宾语，无法进行扩展，只能构成"2+2"的结构，例如：

保守治疗　　　　　　　　封闭训练
？保守治疗疾病　　　　　？封闭训练学生

从其充当的句子成分来看，该类结构既可以充当句子的宾语，也可以充当句子的谓语，例如：

患者因寓居客地，诸多不便，要求给予保守治疗。

（《历代古方验案按》）

专家会诊的结果，无法手术，只能保守治疗。

（柳建伟《突出重围》）

中国国家乒乓球队将于7月11日到河北正定进行封闭训练。

（新华社2004年6月新闻报道）

十八日启程前往南京、杭州、青岛，然后回北京封闭训练。

（《人民日报》1993年4月新闻报道）

可见，尽管无法携带宾语，但"保守治疗"和"封闭训练"仍可以是状中结构，而并非只能是定中结构。

二、宽式状位动词合偶词及其变体结构

还有一些状位动词合偶词，其所修饰的动词在光杆形式下必须为双音形式，但若考察复杂形式，则可以是双音形式以外的形式，只要其整体数量不小于2便可，即：

VV → 宽式状位动词合偶词 / [____+[…+VV$_{双}$+…]]$_{状中}$，或[…+V$_{单}$+…]$_{≥2}$$_{状中}$，且 *[____+V$_{单}$]$_{状中}$

我们把该类状位动词合偶词称为宽式状位动词合偶词，把其

与单音动词构成的状中结构称为"变体形式"。依据其变体形式的不同，宽式状位动词合偶词具体包括以下几类：

1. "双+'地'+单"式变体

有一些状位动词合偶词，尽管不能与单音节直接组合，但可以通过添加"地"与单音动词构成状中结构，例如：

* 变换用	变换使用	变换地用	变换地用各种工具
* 保守算	保守计算	保守地算	保守地算一笔账
* 交替喊	交替呐喊	交替地喊	交替地喊一个名字
* 节约用	节约使用	节约地用	节约地用汽油
* 循环播	循环播放	循环地播	循环地播新闻

这些状位动词合偶词，当其修饰的动词为双音形式时，添加与不添加"地"均可，但若其中的动词为单音形式，则必须加"地"，构成最简的"双+'地'+单"结构，而且可以在此基础上进行扩展，既可以携带宾语，也可以在中间插入其他状语。例如：

变换地用	变换地用各种工具	变换地向不同方向发射红光
保守地算	保守地算一笔账	保守地仔细地算
交替地喊	交替地喊一个名字	交替地向他发信号
节约地用	节约地用汽油	节约地有效利用资源
循环地播	循环地播新闻	循环地在各个频道播放

可见，变体结构不仅形式与基础结构不同，而且特征也存在差异。

2. "双+$X_{非单}$+$V_{单}$"或"双+$V_{单}$+$X_{非单}$"式变体

还有的状位动词合偶词，同样也不能直接与光杆单音动词组合，但可以与光杆单音动词构成的动宾结构或状中结构直接组合，例如：

*独立想	独立想问题	*独立学	独立学汉语
*交替爬	交替往上爬	*交替发	交替发试卷
*步行爬	步行往上爬	*步行回	步行回学校
*延期交	延期交论文	*延期去	延期去上海

能够构成该类变体形式的状位动词合偶词数量不多，我们只发现了有限的四五个，而且部分能够构成"双+地+单"变体结构；此外，该类状中结构很难进行插入性扩展，即状语和动词之间难以插入其他状语成分。

综上所述，汉语中双音动词确实可以充当状语，并且能够充当状语的这些双音动词多数属于合偶词，这些状位动词合偶词又多数属于严式动词合偶词，但也有少量的能够以某种形式接纳单音形式，如"双+地+单"和"双+$X_{非单}$+$N_单$"或"双+$N_单$+$X_{非单}$"，可见，合偶词的严式和宽式之分并非偶见现象。

第四节 动词合偶词的语体功能

合偶词为书面正式语法系统的组成部分，无论是合偶词自身，还是其构成的双合结构，都具有非常明显的用于正式交际的语体功能。动词合偶词作为合偶词的一种，同样具有非常清晰的用于正式交际的语体功能，而且其内部在正式等级上具有层次性。

1. 动词合偶词具有用于正式交际的语体功能

动词合偶词属于书面正式语体，为书面正式语体词汇的重要组成部分，各种类型的动词合偶词均普遍用于正式交际，极少用于口语。我们具体来看各种类型的动词合偶词的语体功能：

1）从功能类型来看，无论是谓位动词合偶词，还是状位动词合偶词，均主要用于正式交际，无法用于口语交际。

家庭环境下夫妻间的有关日常生活事务的对话属于典型的口语非正式的交际，在该类交际中，无论是谓位动词合偶词还是状位动词合偶词，均是不宜使用的，下面我们以谓位动词合偶词"进行""购买"和状位动词合偶词"步行""交替"为例，它们的使用会造成表达的极其不得体。

((8)-(10)妻子对丈夫说)

(8) a. 今天周末咱们得打扫一下房间。

b. *今天周末咱们要对房间进行打扫。

(9) a. 我一会儿要去市场买点儿菜。

b. *我一会儿将要去市场购买蔬菜。

(10) a. 车坏了，你走着去吧。

b. *车坏了，你步行前往吧。

(11) a. 这个比赛一年在亚洲办，一年在欧洲办，轮换着办。

b. *这个比赛在亚洲和欧洲交替举行。

上面例子中（a）均是得体的表达，（b）均不得体，原因就在于做述语的"进行""购买"和做状语的"步行""交替"的语体色彩与该类交际的语体色彩不和谐。

2）无论是严式的动词合偶词，还是宽式的动词合偶词，都普遍具有书面正式语体色彩。谓位动词合偶词的严式和宽式较为丰富，我们可以它为例。谓位动词合偶词，若与对应的单音动词相比，正式语体色彩体现得尤为明显，请看：

严式谓位动词合偶词	宽式谓位动词合偶词	非合偶动词
进行　加以　给予	霸占　包装　搬运	占　搬　雕　割
遵循　遵照　展望	触犯　存放　陈述	放　学　查　包
滋长　助长　镇定	抄写　雕刻　分割	演　抄　说　犯
出席　防守　歼灭	表演　复习　辅导	计较　唠叨　整理
分裂　召开　开辟	报道　介绍　调查	喜欢　收拾　摆弄

汉语中的单音节动词以及带有轻声的双音节动词，均具有较强的口语色彩，很难用于正式场合，当然也存在某些非合偶词，如"熄灭（车、灯）、提炼（砷、油）、养殖（鱼、虾）、饲养（猪、鸡）"等非合偶词也具有较强的书面色彩。可以说，尽管并非所有的非合偶动词均具有口语非正式色彩，但所有的合偶动词均普遍具有书面正式色彩，很少用于口语。

3）无论是动词合偶词构成的基础结构还是其变体结构，都具有不同程度的正式色彩，难以用于口语交际。

动词合偶词与其组合对象构成的各类结构，不仅典型的"双+双"结构具有很强的正式色彩，而且不同类型的变体结构也多用于正式交际，难以用于口语非正式交际，如"双音动词+一+量词+单音名词"为一种类型的变体结构，该类表达尽管其正式程度弱于"双+双"结构，但它们也同样不宜用于口语交际，尤其是典型的口语交际，例如倘若要表达"办理一张卡""安装一扇门"之意，在典型的口语交际中，多将其中的动词替换为单音动词，即"办一张卡""安一扇门"。

((12) - (13) 妻子对丈夫说)

(12) a.　以后电费必须刷卡了，明天得去办一张卡。

　　　　b.？以后电费必须刷卡了，明天得去办理一张卡。

（13）a. 赶紧打电话给物业，让他们找人来帮着安一扇门。

　　　　b.？赶紧打电话给物业，让他们找人来帮着安装一扇门。

在上例"妻子对丈夫说"交际中，使用单音动词要比使用双音合偶词更为得体，可见合偶词自身的正式色彩决定了即使是变体形式，也不宜用于口语交际。

2. 动词合偶词内部存在正式等级

动词合偶词总体上具有表达正式的语体功能，但其内部成员所表达的正式程度并不相同，存在等级性，其等级性不仅表现在严式合偶词的正式等级高于宽式合偶词，而且还表现在严式和宽式内部在正式程度上也存在着层次性。不仅如此，动词合偶词的正式等级还与其韵律要求直接对应。这些特征在谓位动词合偶词上表现得尤为突出，例如存在如下几组较为明显的对比：

1）"以双音动词为宾语的动词合偶词"的正式程度高于其他类型的动词合偶词。

以双音动词为宾语的动词合偶词，主要包括形式动词和"保持、促进"等动词，这些动词的正式程度极高，其突出的表现是其他类型的动词合偶词若语义上允许的话，可以与它们构成动宾结构，以表达更为正式的语体功能。请比较下面两组例子：

A	B
对人们的生活给予改善	改善人们的生活
对优良的传统加以发扬	发扬优良的传统
保持经济的发展	持续地发展经济

加快对工业的改革	更快地改革工业
对石油进行勘探	勘探石油
对疾病予以诊断	诊断疾病

显然左栏例 A 的各个表达的正式程度均明显高于右栏例 B 的各种表达，这不仅与该类动词自身的正式色彩较强有关，更与其造成的整个结构的正式色彩极强有关。

2）"以抽象名词为宾语的动词合偶词"的正式程度高于宽式动词合偶词。

冯胜利（2012）提出，"场合、对象、内容、态度"是决定语体性质的四个"社交要素"，并列举了四组典型的交际要素，其中"厨房、妈妈、家常、亲和"为口语性很强的四要素，它们构成了典型的口语交际；"政府、总理、政治、严肃"则为正式色彩强烈的四要素，它们构成的是等级较高的正式交际。

在由"政府、总理、政治、严肃"四个要素构成的交际中，以抽象名词为宾语的严式动词合偶词和宽式动词合偶词的使用表现出了很大的差异，以抽象名词为宾语的严式动词合偶词可以用于该类交际，而宽式动词合偶词很少用于此类交际，这直接反映了二者语体功能的差异。

我们可以根据"场合 [政府]、对象 [总理：民众]、内容 [政治问题]、态度 [严肃]"四要素，来设定某些语句，例如"政府向全国人民承诺，将＿＿＿＿"，以此来考察两类动词合偶词是否均可用于该类正式交际。

通过考察，发现以抽象名词为宾语的动词合偶词绝大部分可以进入该类语句，而宽式动词合偶词很少能够进入，例如：

（14） 政府向全国人民承诺,<u>将继续发扬中华民族的优良传统</u>。
<u>将采取措施广泛普及科普知识</u>。
<u>将彻底废除科举制度</u>。

（15）？政府向全国人民承诺,<u>将为全国人民安装有机玻璃</u>。
<u>将为所有乘客搬运行李</u>。
<u>将重新编辑所有图书</u>。
<u>将回收所有废弃家电</u>。

原因主要在于宽式动词合偶词表达动作行为的内容或在规模上，或在重要性上，或在严肃性上都难以进入由"场合 [政府]、对象 [总理：民众]、内容 [政治问题]、态度 [严肃]"四要素构成的交际类型之中。

以抽象名词为宾语的动词合偶词可以用于等级较高的正式交际，而宽式动词合偶词很少用于等级较高的正式交际，可见，前者的正式程度高于后者。

3)"以双音具体名词为宾语的严式动词合偶词"的正式程度高于宽式动词合偶词。

尽管均能以具体名词为宾语，但是"以双音具体名词为宾语的动词合偶词"与宽式动词合偶词在正式程度上也表现出了很大差异。从表达的内容以及关涉的对象来看，以双音具体名词为宾语的严式动词合偶词表达的动作多是大规模的，非个体可为，且其动作行为所关涉的对象也很难是单一个体，"宽式动词"则多属于个体可为的动作行为，且关涉的对象可以是单一个体。例如，它们对于下面话语环境的适用性不同：

某个体将（已经／即刻）（为您）____。

以双音具体名词为宾语的动词合偶词很难用于该类语句之中，例如：

（16）*本人将为您建设一个港口。

　　　本公司将为该地区广大渔民建设一个港口。

（17）*我已经侵略了这个村庄。

　　　日军已经侵略了这个村庄。

（18）*张三即刻便去为您防守这座大桥。

　　　*张三即刻便去为您垄断那个市场。

而宽式动词合偶词则可以用于该类语句，构成得体的表达，例如：

（19）我即刻就去为您搬运行李。

（20）张三明天就去扮演这个角色。

（21）他已经编辑好了那本新书。

（22）妈妈给我编制了一个竹筐。

尽管有一些以双音具体名词为宾语的严式动词合偶词表达的动作行为也可以是单一个体可为的，但对于这一单一个体的身份地位要求较高，不能是普通的个体，所支配的对象也多为非俗常事物，倘若将该类动作行为用于表达普通个体，则造成不得体。例如：

（23）*妈妈出席了大姨家的家庭会。

　　　外交部长出席了联合国大会。

（24）*爷爷欢送了他的同班同学。

　　　上海市副市长到机场欢送斯潘塞。

（25）*弟弟攻克了老师布置的数学题。

　　　陈景润攻克了世界难题。

（26）* 妈妈很关怀女儿。

   总理很关怀灾区人民。

宽式动词合偶词则绝大多数没有这一要求，多数既适用于普通个体，也适用于非普通个体，例如：

（27）妈妈出版了一本书。

   部长出版了一本书。

（28）弟弟保留了一张车票。

   副市长保留了一张车票。

（29）爸爸储藏了一瓶好酒。

   王总储藏了一瓶好酒。

（30）妈妈养育了三个女儿。

   这位总统养育了三个女儿。

无论是动作行为自身规模的大小，还是关涉对象的多少，或是个体身份地位的特殊与普通，都直接影响着正式程度的变化，规模大、对象多、身份地位特殊，则正式程度高；反之则正式程度低。"以双音具体名词为宾语的严式动词合偶词"和宽式动词合偶词与它们匹配性的差异，恰恰说明了二者正式程度的不同。

4）宽式动词合偶词内部其正式程度也并不一致，存在层级性。

宽式动词合偶词的正式程度与严式动词合偶词相比，均有不同程度的降低，而宽式动词合偶词内部，在正式程度上仍存在层次性。例如有一些宽式动词合偶词能够重叠，而有一些不能重叠：

变换变换	点缀点缀	参考参考	表演表演
改正改正	收集收集	更新更新	检查检查
*捕捞捕捞	*采集采集	*参阅参阅	*导演导演

*抵制抵制　　*订阅订阅　　*干预干预　　*雇佣雇佣

　　重叠形式是一种典型的口语表达形式,若排除其他因素的制约,能够进入重叠结构的动词其正式程度要比不能重叠的动词的正式程度要低。

　　由以上分析可见,动词合偶词内部与韵律要求的不同相对应,在语体功能上,表现出了明显的层次性。

　　3. 基础结构的正式程度高于变体结构

　　不仅动词合偶词自身存在正式等级,合偶词构成的典型的"2+2"基础结构和变体结构在正式程度上也存在差异,典型的双合结构的正式程度要略高于其变体结构,请比较:

替换员工	慰问病人	听写生词	参与会议
替换一个人	慰问生病的人	听写十个词	参与一个会
播种大米	承担任务	抵制敌人	颠倒事实
播种十斤米	承担一个活儿	抵制一个人	颠倒一件事

　　以上例句中,相比而言,"双+双"形式要比"双+…单"的形式略显正式,其原因一方面在于双音形式的正式程度普遍要高于单音形式,另一方面则是由于单音形式一旦被某些成分修饰,如"一个"和"的"字结构等,这些修饰成分实际上起到了将单音名词具体化的功能,因此其表达更为具体,正式程度也就更低。

　　综合以上三个方面的讨论,动词合偶词普遍具有用于正式交际的语体功能,其内部在正式程度上又存在层次性,并且这种层次性与其韵律要求密切相关,求双的要求越是严格,其正式程度也就越高。

思考与练习

1. 如何鉴别一个动词是否为合偶词？
2. 动词合偶词按照功能来分存在哪几种类型？除了本书介绍的类型外，是否还存在其他类型？
3. 动词合偶词按满足"配双"要求的方式，区分存在哪些类型？
4. 严式状位动词合偶词有哪些？宽式状位动词合偶词有哪些？它们各自的变体形式有哪些？
5. 动词合偶词的语体功能是什么？动词合偶词的语体功能与其韵律要求有什么关系？

第四章
形容词合偶词

第一节　什么是形容词合偶词

形容词合偶词是自身为双音形式，且在独立与某些对象直接组合时，要求其组合对象在光杆形式下必须为双的一类形容词。辨别一个形容词是否是合偶词，需要依据以下几点：

1. 自身是否为双音节词。自身为双音节词的形容词有可能是合偶词，而自身为单音节词的形容词一定不是合偶词，如"热、好、高、大、快、广、宽、深、浅、胖、瘦、黑"这些单音节形容词均不属于合偶词。

2. 以与词组合的情况来判断其节律要求，不以与语素的组合来确定其音节组配形式。也就是说，我们在判断一个形容词是否为合偶词时，需要根据与其相组合的词是否必须为双，而不能根据与其相组合的语素是否不可为单。

根据这一点，在运用"2+1"的合法与非法这一标准来断定某一形容词是否为合偶词时，要确保其中的单音节形式必须为词，而非语素。倘若其中的单音形式为语素，如"~性、~感"等类词缀，那么即使双音形容词可以与其构成"2+1"组合，如"积极性、优越感"等，也不能以此断定此类双音词不属于合偶词；只有其中的单音形式为词，才能由此判断该词为非合偶词，例如由"老实人、本分人、干净活儿"可以断定"老实、本分、干净"为非合偶词。

3. 与其直接组合的对象必须为双，也就是说在考察其组合对象的音节情况时,只能以直接组合对象为准,不能以其间接组合为依据。

形容词的主要功能是充当定语和状语,在实现这两种功能时均会涉及后加"的"或"地"的问题。辨别是否为合偶词时,不应依据其加"的、地"情况下的表现,而应以其与组合对象直接组合为准,若形容词无法直接与名词组合,那么它们便不属于合偶词。

4. 判断一个双音形容词是否有求双不求单的要求,以静态的最简组合下的韵律要求为准,不以语流中的韵律要求为依据。

形容词与名词最简组合的组合规则与其在语流中的组合规则有所不同,一些形容词组合在静态最简组合中要求必须加"的",而在动态的语流中则允许将"的"省略,如"有名人物、愉快假期、动人歌曲、充足阳光",这些直接组合是不通畅的,但是在语流中却是合法的,请看:

(1)文廷式是戊戌政变前活跃于中国政治舞台的<u>有名人物</u>。

(《读书》)

(2)在这里他度过了一个让他终生难忘的<u>愉快假期</u>。

(新华社 2004 年 10 月新闻报道)

(3)马德里合唱团给北京人带来了西班牙的<u>动人歌声</u>。

(新华社 2004 年 10 月新闻报道)

(4)别墅区道路绿化,以不遮挡建筑为原则,使人享受<u>充足阳光</u>。 (《人民日报》1996 年 4 月新闻报道)

可见,静态的最简组合的组合规则与动态语流中的组合规则是不同的,判断一个形容词是否为合偶词,应以静态的最简组合为依据。

根据以上四点，实际上形容词合偶词就是自身为双，且在最简组合形式下，只能与双音词直接组合，无法与单音词直接组合的一类形容词。

根据语法功能的不同，可以分为定位形容词合偶词和状位形容词合偶词。下面具体来看每一类形容词合偶词。

第二节 定位形容词合偶词

一、什么是定位形容词合偶词

汉语中的形容词除了少数无法充当定语的以外，普遍都可以通过添加"的"来修饰单音名词和双音名词，这可以说是形容词这类词的一致性特征，能够反映形容词内部差异的是其是否能与双音名词和单音名词直接组合。有的形容词能够与双音名词直接组合，但无法与单音名词直接组合，而有的双音形容词则既无法与单音名词直接组合，也无法与双音名词直接组合，还有的只能与少数单音名词组合，无法与双音名词直接组合。请看以下三组例子：

第一组：

清楚的文字　　清楚的字　　清楚的思想　　清楚的话
*清楚文字　　*清楚字　　*清楚思想　　*清楚话
热烈的掌声　　热烈的节日　　热烈的气氛　　热烈的情感
*热烈掌声　　*热烈节日　　*热烈气氛　　*热烈情感

第二组：

灵活的双手　　要紧的任务　　老实的孩子　　安静的地方
*灵活双手　　　*要紧任务　　　老实孩子　　　安静地方
灵活人儿　　　要紧事儿　　　老实孩儿　　　安静地儿

第三组：

基本工作　　　基本成分　　　基本线索　　　基本作用
*基本事　　　　*基本粮　　　　*基本水　　　　*基本钱

深厚感情　　　深厚友谊　　　深厚优势　　　深厚基础
*深厚土　　　　*深厚力　　　　*深厚煤　　　　*深厚爱

显著效果　　　显著作用　　　显著地位　　　显著特点
*显著字　　　　*显著旗　　　　*显著图　　　　*显著树

　　从合偶词与非合偶词的角度来看，第一组双音形容词，无论是与单音名词还是双音名词，均无法直接组合。根据形容词合偶词的鉴别标准，该类无法与双音词直接组合，因此不属于形容词合偶词。第二组双音形容词，尽管有的能够与双音名词直接组合，有的不能，但共同之处是均可与单音名词组合，因此也不属于合偶词。第三组双音形容词，可以与名词直接组合，而且组合成分必须为双，不可为单，因此为形容词合偶词。

　　也就是说，定位形容词合偶词是自身为双音形式，能够直接修饰光杆名词，且要求光杆名词必须为双，不可为单的一类形容词，该类词遵循下面的规则：

　　　　AA → 定位形容词合偶词/[＿＿+NN$_{双}$]$_{定中}$，且 *[＿＿+N$_{单}$]$_{定中}$

二、定位形容词合偶词的类型

定位形容词合偶词是依据能够与名词直接组合，且直接组合对象必须为双来确定的。实际上，这些定位形容词合偶词，除了能够与双音名词直接组合以外，还能以加"的"的形式与名词组合。我们对这两种组合情况进行了考察，发现：有的定位形容词合偶词，无论直接组合还是加"的"组合，均要求其中的名词必须为双，我们把该类合偶词称为严式定位形容词合偶词。有的定位形容词合偶词，直接组合时要求其中的名词必须为双，但加"的"组合时允许与单音名词相组合，我们把该类形容词合偶词称为宽式定位形容词合偶词。下面我们具体来看严式定位形容词合偶词、宽式定位形容词合偶词及其基础结构和变体结构。

（一）严式定位形容词合偶词

严式定位形容词合偶词无论与名词直接组合还是加"的"组合，均要求与其相组合的光杆名词必须为双音形式，不可为单音形式，遵循如下规则：

AA → 严式定位形容词合偶词 / [____+（的）+NN$_{双}$]$_{定中}$，且 *[____+N$_{单}$]$_{定中}$

也就是说，严式定位形容词合偶词与其修饰的中心语构成的最简形式为"双+双"和"双+的+双"。

根据其组合对象的具体性和抽象性，可以分为以下几种情况：

1. 其组合对象均为具体名词。例如：

广大人民	广大农村	广大官兵	广大陆地
广大的教师	广大的农村	广大的官兵	广大的陆地
*广大的人	*广大的村	*广大的兵	*广大的地

能够与具体名词直接组合的双音形容词数量很少，我们在《汉语水平词汇与汉字等级大纲》中仅发现 1 例。

2. 组合对象既可以是抽象名词，也可以是具体名词。例如：

基本状态	基本条件	基本环境	基本要求
基本的武器	基本的粮食	基本的事物	基本的事情
*基本的枪	*基本的粮	*基本的事	*基本的活儿

优良品质	优良作风	优良特性	优良传统
优良的蔬菜	优良的猪肉	优良的树木	优良的牛奶
*优良的菜	?优良的肉	?优良的树	?优良的奶

显著特征	显著变化	显著作用	显著成就
显著的数字	显著的花纹	显著的亮点	显著的图案
*显著的字	*显著的纹	*显著的点	*显著的图

深厚感情	深厚友谊	深厚基础	深厚底蕴
深厚的黄土	深厚的砂石	深厚的淤泥	深厚的资源
*深厚的土	*深厚的砂	*深厚的泥	*深厚的煤

该类形容词总体来看，既可以与抽象名词组合，也可以与具体名词组合，其中与抽象名词组合时多数既可以直接组合，也可以加"的"组合，而与具体名词相组合时必须加"的"，该类形容词在我们考察的范围里发现十多例。

3. 其组合对象仅为抽象名词。例如：

深刻思想	深刻印象	深刻变化	深刻内涵
深刻的主题	深刻的哲理	深刻的根源	深刻的背景
长远利益	长远计划	长远眼光	长远目标

长远的观点	长远的业务	长远的效益	长远的事业
良好品质	良好状态	良好成绩	良好教育
良好的品质	良好的状态	良好的成绩	良好的教育

该类形容词合偶词，无论是直接组合还是加"的"组合，其组合的对象均为抽象名词，不与具体名词相组合，该类形容词合偶词在考察的范围内也发现十余例。

以上三类形容词合偶词，对其中心语的韵律要求是非常严格的，即使其后加"的"也仍然无法改变其"求双"的韵律要求，由此足见汉语中合偶词确实客观存在。

（二）宽式定位形容词合偶词

宽式定位形容词合偶词是指除了自身为双，能够与名词直接组合，且要求名词必须为双不可为单之外，还可以通过后加"的"与单音名词组合的一类。也就是说，该类定位形容词合偶词在直接组合时，无法接受单音形式，但加"的"后，改变了其"求双"的韵律要求，可以接受单音形式，即遵循如下规则：

AA→宽式定位形容词合偶词/[____+NN$_{双}$]$_{定中}$，[____+的+N$_{单}$]$_{定中}$，且 *[__+N$_{单}$]$_{定中}$

例如：

巨大：	巨大危险	巨大商机	巨大能量	巨大成就
	巨大的危险	巨大的商机	巨大的能量	巨大的成就
	巨大的地	巨大的球	巨大的山	巨大的冰
	*巨大地	*巨大球	*巨大山	*巨大冰
古老：	古老建筑	古老文化	古老传说	古老民族

	古老的建筑	古老的文化	古老的传说	古老的民族
	古老的树	古老的山	古老的桥	古老的车
	*古老树	*古老山	*古老桥	*古老车
光荣：	光荣称号	光荣历史	光荣义务	光荣使命
	光荣的称号	光荣的历史	光荣的义务	光荣的使命
	光荣的人	光荣的事		
	*光荣人	*光荣事		
黑暗：	黑暗统治	黑暗势力	黑暗社会	黑暗时期
	黑暗的统治	黑暗的势力	黑暗的社会	黑暗的时期
	黑暗的山	黑暗的路	黑暗的天	黑暗的桥
	*黑暗山	*黑暗路	*黑暗天	*黑暗桥

该类形容词合偶词的数量很多。它们与名词直接组合时要求其后的名词也必须为双音形式，但与严式形容词合偶词不同的是，加"的"之后，其韵律要求发生改变，能够接纳单音形式，构成"双 + '的' + 单"的定中结构，根据这一特征，我们把该类双音形容词称为"宽式形容词合偶词"。

宽式形容词合偶词，既可以与抽象名词相组合，也可以与具体名词相组合，并且因抽象具体的不同其组合方式也表现出了不同的组合规则：凡是可以与其直接组合的名词必定为双音抽象名词，而凡是与具体的名词组合，无论其为双音形式还是为单音形式，均必须加"的"。

从定位形容词合偶词的类型来看，它同样存在宽式和严式，可见，宽严之分在合偶词中具有普遍性。

三、直接组合与加"的"组合的句法差异

无论是严式定位形容词合偶词,还是宽式定位形容词合偶词,它们均既可以与双音名词直接组合构成典型的"双 + 双"的双合结构,也可以通过加"的"构成特定的变体结构。双合结构和变体结构,不仅在组合上具有差异,而且与之相对应,其句法特征和句法性质也表现出了明显的不同。

形容词合偶词与双音名词直接组合而成的"双 + 双"结构,从韵律上来看,"双 + 双"为两个标准音步的组合,从句法上来看,其中的任何一个组合要素均无法添加修饰性成分,例如:

积极作用　　＊很积极作用　　＊积极大作用
黑暗社会　　＊很黑暗社会　　＊黑暗旧社会
古老文化　　＊很古老文化　　＊古老佛文化
光荣使命　　＊很光荣使命　　＊光荣新使命
贫苦生活　　＊很贫苦生活　　＊贫苦旧生活

可见,该组合遵循"词汇完整性原则",即:句法规则不能影响到词汇内部的任何部分。由此可以断定,该类结构属于韵律作用下构成的"句法词",无法扩展,因此定位形容词合偶词构成的"双 + 双"结构不存在扩展形式。

形容词合偶词与名词通过加"的"组合而成的变体结构,从韵律上看,其韵律结构或为"[[双 + 的$_{轻}$]+ 双]",或为"[双 + [的$_{轻}$ + 单]",从句法上看,其内部组成成分可以添加各自的修饰性成分,例如:

积极的作用　　很积极的作用　　积极的大作用
黑暗的社会　　很黑暗的社会　　黑暗的旧社会

古老的文化	很古老的文化	古老的佛文化
愤怒的人	非常愤怒的人	愤怒的老年人
贫穷的人	很贫穷的人	贫穷的外地人
干燥的地	特别干燥的地	特别干燥的玉米地

组成成分可按照句法规则独立运作,其构成的结构为典型的短语结构,同时也表明定位形容词合偶词构成的定中结构存在扩展形式,其修饰的名词可以继续前加修饰语。

此外,"双+双"结构和"双+的+单/双"结构在表义上同样存在明显的差异,添加"的"的定中结构,其定语是对中心语的描写,表达的是"什么样的事物",是对事物的具体描述,具有具体化的特征[①];不添加"的"直接双合的定中结构,其定语是对中心语的限定,其形成的语词是专指具有某一属性的某一类事物的概念,其表达的内容具有泛时空化的特征。

可见,双合结构和变体结构,不仅结构形式不同,相应地,其句法特征及所表达的语义内容也不相同。

第三节　状位形容词合偶词

一、状位形容词合偶词的辨别

除了充当定语修饰名词之外,充当状语修饰谓词性成分是形容词的另一重要功能,形容词在充当状语时,同样存在着音节组配上的差异。我们把自身为双,能直接充当状语,且其组合对

---

① 这一语义特征与"的"的使用直接相关,具体内容另文分析。

象在光杆形式下必须为双的形容词称为状位形容词合偶词，规则如下：

AA→状位形容词合偶词/[＿＿+VV双]状中，且 *[＿＿+V单]状中

根据这一定义，鉴别一个能够能当状语的形容词是否为合偶词，要依据以下几点：

1. 能够充当状语的形容词必须自身为双，不可为单。汉语中存在一些单音节的形容词也可以充当状语，例如：

快走　　快跑　　早送　　早送　　慢走　　慢跑
晚睡　　轻放　　快撤离　早安排

这些单音形容词无论对其组合对象是否有韵律限制，均不属于合偶词。

2. 以直接充当状语时的韵律表现为依据。这里包含两种情况：

1）必须能够直接充当状语。如果双音形容词不能直接充当状语，那么无论它对其组合对象是否存在韵律要求，均不属于状位形容词合偶词，请看下面两组现象：

A. 加"地"，单双均可

有一些双音节形容词无法独立充当状语，必须后加"地"才能充当状语，加"地"之后，其修饰的谓词性成分在光杆形式下，有的既可以为单音形式，也可以为双音形式，如：

*勇敢学　　*勇敢学习　　勇敢地学　　勇敢地学习
*吃力搬　　*吃力搬运　　吃力地搬　　吃力地搬运
*单纯想　　*单纯想象　　单纯地想　　单纯地想象
*慌忙找　　*慌忙寻找　　慌忙地找　　慌忙地寻找
*惊讶看　　*惊讶观察　　惊讶地看　　惊讶地观察

| *艰难找 | *艰难寻找 | 艰难地找 | 艰难地寻找 |

B. 加"地"且必须为双

还有一些双音节形容词不仅不能直接修饰名词，必须加"地"，而且加"地"之后，还要求其修饰的成分在光杆形式下必须为双，例如：

*成熟想	*成熟地想	*成熟思考	成熟地思考
*沉默看	*沉默地看	*沉默注视	沉默地注视
*烦躁等	*烦躁地等	*烦躁等待	烦躁地等待
*悲痛哭	*悲痛地哭	*悲痛哭泣	悲痛地哭泣
*结实长	*结实地长	*结实成长	结实地成长
*流利背	*流利地背	*流利背诵	流利地背诵

根据该条标准，以上所谈的这两类双音节形容词由于不能直接充当状语，本文均暂不把它们视为合偶词。①

2）如果一个双音节形容词既可以直接充当状语，也可以加"地"充当状语，那么根据它直接充当状语的韵律要求来界定其是否为合偶词，而不以加"地"的情况为依据，因为"地"的添加会改变其性质，进而有可能改变其韵律要求。请看下面的例子：

*辛苦学	辛苦学习	*辛苦找	辛苦寻找
辛苦地学	辛苦地学习	辛苦地找	辛苦地寻找
*合理买	合理购买	*合理学	合理学习
合理地买	合理地购买	合理地学	合理地学习
*灵活用	灵活运用	*灵活修	灵活修理

---

① 具体处理需容深入分析。

灵活地用　　灵活地运用　　灵活地修　　灵活地修理
*积极学　　　积极学习　　　*积极读　　　积极阅读
积极地学　　积极地学习　　积极地读　　积极地阅读

根据这一标准，"辛苦、合理、灵活、积极"均为合偶词，因为它们无法与单音形式组合，而加"地"后可以与单音组合，不可作为鉴别的参考项。

3. 其修饰限定的谓词性成分在光杆形式下，必须为双，不可为单。倘若可以为单，则必然不属于合偶词，请看下面的例子：

大胆说　　大胆写　　大胆推测　　大胆揭发
认真写　　认真听　　认真听写　　认真研究
仔细看　　仔细想　　仔细观察　　仔细思考
安心学　　安心住　　安心学习　　安心居住
专心听　　专心练　　专心听讲　　专心训练

上面的这些双音节形容词，尽管可以直接充当状语，但其修饰的动词或形容词，既可以是双音形式，也可以是单音形式，当然也可以加"地"来修饰单音或双音形式。这些双音形容词，均不属于状位形容词合偶词。

综合以上三条标准，双音节形容词充当状语时，只要满足了可以构成"双+双"，且不可构成"双+单"这一要求，便可确定为状位形容词合偶词。例如下面的双音形容词均属于状位形容词合偶词：

*辛苦学　　*辛苦找　　辛苦学习　　辛苦寻找
*合理买　　*合理学　　合理购买　　合理学习
*灵活用　　*灵活修　　灵活运用　　灵活修理

*积极学	*积极读	积极学习	积极阅读
*缓慢走	*缓慢升	缓慢搬运	缓慢上升
*猛烈打	*猛烈敲	猛烈打击	猛烈敲打

我们把双音形容词直接与双音形式构成的"双+双"的结构称为"基础结构",把它们通过加"地"构成的状中结构称为"变体结构"。

二、状位形容词合偶词的类型

充当状语的形容词合偶词在与动词或形容词直接组合时,要求其组合对象必须为双,但当与复杂形式组合时,对单双的要求则表现出了差异,根据这一点,我们把状位形容词分为"严式"和"宽式"两类,具体如下:

(一)严式状位形容词合偶词

有的双音形容词在充当状语时,无论是直接组合,还是加"地"组合,还是与复杂形式相组合,均要求其中的组合对象在光杆形式下必须为双的,即遵循下面的规则:

AA → 严式状位形容词合偶词 / [____ + [VV$_{双}$+⋯]]$_{状中}$,且 *[____ + [⋯+V$_{单}$+⋯]$_{≥2}$]$_{状中}$,*[____ + [V$_{单}$]

我们把该类称为"严式"状位形容词合偶词,例如:

双+双		*双+单	*双+单+XP/	双+XP+单
自由选择	自由交换	*自由换	*自由选礼物	*自由往外跑
周密思考	周密调查	*周密想	*周密想问题	*周密查案子
深入学习	深入探讨	*深入学	*深入学文件	*深入谈问题
严肃调查	严肃处罚	*严肃查	*严肃查问题	严肃罚学生

勇敢面对 勇敢挑战 ＊勇敢杀 ＊勇敢站起来 ＊勇敢向外跑
严厉批评 严厉打击 ＊严厉批 ＊严厉批下属 ＊严厉训学生

该类状位形容词合偶词，要求其组合在光杆形式下必须为双，在复杂形式下也必须为双，但当其后加"地"时，则一些可以与单音形式直接组合，有一些则需要与以单音形式为中心的复杂形式相组合，例如"自由地唱""周密地想问题""深入地看问题""严厉地说""勇敢地往外跑""严厉地训学生"，等等。

（二）宽式状位形容词合偶词

还有一些双音形容词在充当状语的时候，尽管与动词直接组合时，其组合对象必须为双，但与复杂形式相组合时，其组合中心动词可以为单，即：

AA → 严式状位形容词合偶词 / [＿＿ + VV$_{双}$]$_{状中}$, [＿＿ + [… +V$_{单}$+…]$_{≥2}$]$_{状中}$, *[＿＿ + V$_{单}$]

我们把该类称为宽式状位形容词合偶词，例如：

双＋双	＊双＋单	双＋XP＋单／双＋单＋XP
辛苦学习 辛苦寻找	＊辛苦学	辛苦学外语　辛苦挣点钱
主动靠近 主动帮忙	＊主动凑	主动帮他的忙　主动往前凑
迅速撤离 迅速躲避	＊迅速撤	迅速往回撤　迅速躲起来
完全忘记 完全弄起	＊完全忘	完全记不住　完全弄清楚
适当购买 适当劝说	＊适当买	适当买一点儿　适当说几句
热心帮忙 热心讲解	＊热心帮	热心帮他的忙　热心给他讲

该类形容词除了可以与光杆双音形式直接组合外，也可以与以单音动词为中心的复杂形式组合，例如"辛苦学外语""主动往前凑""迅速躲起来""完全弄清楚""适当买一点儿"，等等。

三、基础结构与加"地"变体结构

状位形容词合偶词,无论是严式,还是宽式,均既可以与光杆双音形式直接组合,也可以通过加"地"与中心语相组合,前者我们称之为基础结构,后者称之为加"地"变体结构。基础结构和加"地"变体结构,在韵律和句法上也表现出了很多的不同:

基础结构,在韵律上是两个标准韵律词的复合,在句法上,所构成的"双+双"也遵循着"词汇完整性原则",其中的任何一个组合要素均无法单独被某个修饰成分所修饰。例如:

辛苦学习汉语　　＊很辛苦学习汉语　　＊辛苦努力学习汉语
严肃调查案件　　＊非常严肃调查案件　＊严肃认真调查案件
合理利用资源　　＊极其合理利用资源　＊合理充分利用资源
全面学习文件　　＊特别全面学习文件　＊全面认真学习文件
整齐摆放资料　　＊十分整齐摆放资料　＊整齐按顺序摆放资料

也就是说,状位形容词合偶词直接修饰双音形式构成的状中式"双+双"结构,在韵律上为标准复合韵律词,在句法上类似于一个复合词,无法进行扩展。

状位形容词合偶词加"地"修饰谓词性成分所构成的变体结构,从韵律上来看,其韵律结构或为"[双+单$_{轻}$]+双",或为"双+[单$_{轻}$+单]",从句法上看,其内部组成成分可以各自添加修饰性成分。例如:

辛苦地学　　　很辛苦地学　　　辛苦地努力学汉语
严肃地调查　　非常严肃地调查　严肃地认真调查案件
合理地利用　　极其合理地利用　合理地充分利用资源

全面地学习　　特别全面地学习　　全面地认真学习文件
整齐地摆放　　十分整齐地摆放　　整齐地按顺序摆放资料

可见，"AA+地"与双音动词或单音动词不遵循"词汇完整性原则"，这说明二者的组合属于短语性质的组合。因此，变体结构存在对应的扩展结构。

此外，与结构形式和句法特征的不同相对应，基础结构"双+双"与变体结构"双+'地'+双/单"在表达的语义内容上也不相同，前者的状语表达的是动作的性质，而后者则是对动作状态或方式的陈述，如"严肃调查"和"严肃地学习"，前者中的"严肃"表达的是"调查"的性质，而后者中的"严肃"表达的是"学习"的状态。这一点与形容词合偶词与双音名词直接组合具有很强的相似性。

第四节　形容词合偶词的语体功能

形容词合偶词，为合偶词的另一功能类型，无论是定位形容词合偶词还是状位形容词合偶词，均具有较强的用于正式交际的语体功能，具有与单音形容词不同的语体功能，与自身的非合偶词用法相比，则正式程度有所不同，此外，形容词合偶词构成的基础结构和变体结构在语体功能上也存在着差异。

1. 合偶形容词与单音形容词构成书面语和口语的对立

汉语的形容词，从音节上看，既有单音形式也有双音形式，形容词合偶词与单音形容词在语体功能上形成了明显的对立分布：形容词合偶词具有较强的正式色彩，主要用于正式交际，而

单音形容词则口语色彩浓厚,主要用于口语非正式场合的交际。请比较下面的近义单双音形容词:

高—高大　大—巨大　好—优秀　干—干燥　老—古老

黑—黑暗　长—长久　湿—潮湿　重—沉重　穷—贫穷

贵—珍贵　新—崭新　犟—顽固

以上的单音形容词具有很强的口语非正式色彩,在日常交际中经常使用。例如,茶余饭后和家人聊天时,在谈及某个人的长相的时候,我们会说"这个人,高个子",而不会说"这个人高大身材",相反,倘若是某一学术研讨会上研讨某一人种的形体特征时,我们会说"他们身材高大,体格健壮",不宜说成"他们高个子,身体好"。

形容词合偶词与单音形容词语体功能的对立,还表现在它们对搭配对象的选择上,双音形容词只能与抽象名词直接组合,单音形容词则多数情况下只能与具体名词组合,二者的组合对象呈对立分布,例如:

高个子—高大形象　　大房间—巨大星体　　干面包—干燥地区
*高形象—*高大个子　*大星体—*巨大房间　*干地区—*干燥面包

老房子—古老文化　　黑脸庞—黑暗统治　　长时间—长久效应
*老文化—*古老房子　*黑统治—*黑暗脸庞　*长效应—*长久

湿衣服—潮湿物体　　重箱子—沉重负担　　贵书包—*珍贵物种
*湿物体—*潮湿衣服　*重负担—*沉重箱子　*珍贵—*贵物种

与抽象名词和具体名词相对应的是其组合对象在语体上的差异,能与形容词合偶词直接组合的抽象名词均为具有较强书面色彩的书面语体词,而与单音形容词直接组合的名词多为口语或中性语体词。从组合的和谐性要求来看,组合成分的语体属性一般具有一致性,与正式色彩强的词相组合的成分也具有较强的正式色彩,而与口语色彩强的词组合的成分一般也具有较强的口语色彩。根据这一特点,也可以判断出形容词合偶词的正式程度明显高于单音形容词。

2. 形容词的合偶词用法正式程度高于其非合偶词用法

形容词的合偶词用法主要是针对其做定语和状语而言的,但形容词的句法功能却远不止这两种,多数形容词除了充当定语还可以充当谓语和补语,但在定语和状语上要求必须组双的双音词,在谓语和补语位置上并不要求必须组双。也就是说,有的位置上有合偶要求,而有的位置上则没有。形容词合偶词在这两种情况下的正式程度并不相同,在表达语义相近的情况下,定中结构和状中结构的正式程度明显要高于相应的主谓和动补表达,例如:

A	B
意外收获	收获很意外
有效方法	方法很有效
沉重心情	心情很沉重
缓慢发展	发展得很缓慢
辛苦学习	学习得很辛苦
猛烈抨击	抨击得很猛烈

以上 A 式和 B 式相比,尽管其中的词汇均很正式,但 A 组的正式程度要高于 B 组,试看下面语句:

(5) a. 禁烟是缓解娱乐餐饮等场所空气污染的<u>有效方法</u>。

(新华社 2004 年 9 月新闻报道)

b. 禁烟能缓解娱乐餐饮等场所空气污染，<u>这个方法很有效</u>。

（6）a. 他怀着不为人们理解的<u>沉重心情</u>。

（列夫·托尔斯泰《战争与和平》）

　　b. 他的<u>心情很沉重</u>，也很难被人们理解。

（7）a. 该地区的经济仍在<u>缓慢发展</u>。

（新华社2003年12月新闻报道）

　　b. 该地区的经济仍<u>发展得很缓慢</u>。

（8）a. 他<u>猛烈抨击</u>美国白人至上主义和种族歧视的做法。

（《人民日报》1995年10月新闻报道）

　　b. 他抨击了美国白人至上主义和种族歧视的做法，而且<u>抨击得很猛烈</u>。

以上例句中，a句的正式程度显然高于b句，可见，形容词合偶词，其合偶词用法的正式程度要高于其非合偶词用法。

3. 基础结构与变体结构的语体功能有所不同

多数形容词合偶词既可以组构成典型的"双+双"的基础结构，也可以通过加"的/地"组构成"双+'的/地'+X"的变体结构，双合结构与变体结构的语体功能也存在差异。

例如，定位形容词合偶词均既可组成"双+双"形式也可组成"双+'的'+双"形式，其语体功能既有相同之处，也有不同之处，相同之处在于均很少用于口语，请看：

黑暗统治　　黑暗的山谷　　黑暗的山
成熟阶段　　成熟的少女　　成熟的人
光荣称号　　光荣的士兵　　光荣的人

广阔胸怀　　广阔的大海　　广阔的海

合理条件　　合理的事情　　合理的事

以上两组表达，无论是"黑暗统治"还是"黑暗的山谷""黑暗的山"都很少在口语中使用，口语中涉及事物属性、性状时，多采用主谓结构表达，如"政府真黑、山里很黑"等。这是二者的相同之处，但是二者也并不完全相同，也存在一些差异：

一是"双+双"形式均具有较强的书面正式语体功能，可用于正式场合下的直接交际中，而有一些"双+'的'+双"表达形式很少用于直接的正式交际，主要用于文艺作品之中，属于文学语言，如：

成熟的少女　　弯曲的脊梁　　沉默的老人　　干燥的嘴唇

愤怒的母亲　　高大的城墙　　寒冷的北风　　黑暗的山谷

这些表达多出现于文学作品中用以描写人物或景物，很少用于直接交际中，在直接交际中仍多以主谓结构来表达，如我们会说"这位母亲非常地愤怒"，而不会说"这是一位愤怒的母亲"。

二是尽管有一些形容词的基础结构和变体结构均可以用于直接交际，但"双+双"的正式程度要高于"双+'的'+双/单"结构，如：

合理条件　　乐观态度　　美好愿望　　平等关系

合理的条件　乐观的态度　美好的愿望　平等的关系

长远计划　　强大力量　　残酷现实　　灿烂文明

长远的计划　强大的力量　残酷的现实　灿烂的文明

这些表达形式均可用于直接交际，例如，在直接交际中，我们可以说"工人提出了一些合理条件"，也可以说"工人提出了一些合理的条件",但二者区别在于正式程度稍有差异,我们可以以"美好愿望"和"美好的愿望"为例:当涉及的是重大对象的愿望时,使用前者优于使用后者;而当涉及平常普通对象的愿望时,二者差别不大,试比较:

人类的美好愿望　　人类的美好的愿望
妈妈的美好愿望　　妈妈的美好的愿望

国家的长远计划　　国家的长远的计划
儿子的长远计划　　儿子的长远的计划

显然,当表达"中华民族"的愿望时,使用"双+双"效果优于"双+'的'+双",前者紧凑利索,后者则拖拉不顺畅;但是当表达的是"妈妈"的愿望时,则"双+'的'+双"的效果甚至优于"双+双",感觉通顺流畅,表达的内容具体清楚。可见二者语体功能存在差异。

以上主要谈的是形容词合偶词做定语的情况,做状语的形容词合偶词也基本如此。直接组合的"双+双"具有较强的正式功能,加"地"组合的状中结构或多用于文学作品,或正式程度略低于"双+双"形式。造成这一状况的原因,与"的/地"的使用有关,加"的/地"之后,修饰语和中心语间的描写关系大大增强。

由以上几个方面的讨论可见,形容词合偶词也具有较强的书面正式功能,与其韵律组合形式相对应,其基础结构和变体结构在语体功能上也表现出了诸多差异,这与动词合偶词的语体功能有着极强的一致性。

思考与练习

1. 如何鉴别一个形容词是否为合偶词?
2. 是否可以依据加"的"组合下的韵律要求来判断一个形容词是否为合偶词?
3. 形容词合偶词按照功能来分存在哪些类型?除了本书介绍的两类外,是否还存在其他类型?
4. 什么是严式形容词合偶词?什么是宽式形容词合偶词?它们各自的变体形式有哪些?
5. 形容词合偶词与非形容词合偶词的语体功能有何不同?

第五章

副词合偶词

第一节　什么是副词合偶词

　　副词的主要语法功能是充当状语，副词充当状语时，有的对其组合对象没有韵律上的要求，有的则有严格的韵律要求。就有要求的而言，其要求又存在不同类型。对于副词充当状语时的音节搭配问题，很多学者给予过关注，如张谊生（2000）讨论了副词的基础形式和重叠形式与动词组合时对音节搭配的要求，马真（2004）也指出了副词与动词搭配时存在音节问题，董秀芳（2004：65–76）专门讨论了"1+1"副动搭配的现象，黄梅（2008）对嵌偶词的讨论中也包含了"1+1"式的动副组合，洪爽（2009）讨论了现代汉语中各种类型的副动搭配的韵律问题，崔四行（2009）从句法位置和语体色彩的角度讨论了副词充当状语时的音节组合要求。

　　我们把自身为双，且在独立充当状语时要求其修饰对象在光杆形式下必须为双、不可为单的副词，称为副词合偶词，即：

　　AdAd → 状位副词合偶词/[＿＿VV$_双$]$_{状中}$，且 *[＿＿+V$_单$]$_{状中}$

　　辨别一个副词是否为合偶词时需要依据以下几点来断定：

　　首先，自身必须为双。自身为单音形式的副词均不属于合偶词，如"光、净、就、刚、常、渐、连"等副词，均为单音形式，故均不属于副词合偶词。自身为双音形式的副词则需要依据以下标准进一步确定。

　　其次，以副词直接充当状语时的韵律要求为依据。根据我们对《汉语水平词汇与汉字等级大纲》中副词的考察，双音副词均可独立充当状语，但在能够加"地"方面，不同的副词表现不同，考察一个副词是否为合偶词，须依据其独立充当状语时的韵律要求来定，而不以加"地"时的韵律要求为依据。

再次，组合对象在光杆形式下必须为双，不可为单。这里包含几种情况：

一是倘若组合对象在光杆形式下既可为双也可以为单，那么该双音副词必定不属于合偶词，例如下面这些双音副词：

反倒好	亲手做	任意买	整天睡	尽快走
反倒优秀	亲手制作	任意购买	整天睡觉	尽快撤离
照样哭	从小练	随意看	全都去	真是热
照样哭泣	从小训练	随意观看	全都离开	真是炎热

这些双音副词既可以与单音节组合，也可以与双音节组合，因此为非合偶动词。

二是倘若双音副词其组合形式必须为复杂形式，不可为光杆形式，即无论是单音还是双音的光杆形式均无法满足其要求，那么该类双音副词也不属于合偶词，请看下面这些双音副词：

*曾经去	曾经去过	*曾经解释	曾经解释过
*根本看	根本不看	*根本注意	根本不注意
*好久来	好久才来	*好久联系	好久没联系
*多亏去	多亏没去	*多亏离开	多亏离开了

这些双音副词，既不能与单音的光杆动词组合也不能与双音的光杆动词组合，其组合对象必须为复杂形式，根据合偶词的定义，它们不属于合偶词。

只有当双音副词充当状语时,能够与双音光杆形式直接组合,但不能与单音光杆形式直接组合,那么该类双音副词便属于合偶词。例如:

不住练习　　*不住练　　处处寻找　　*处处找
匆忙离开　　*匆忙走　　大力建设　　*大力建
独自思考　　*独自想　　共同使用　　*共同用
缓缓爬行　　*缓缓爬　　基本消灭　　*基本灭

以上双音副词能够与双音形式直接组合构成状中结构,但不能直接修饰单音形式,符合副词合偶词的定义,因此属于副词合偶词。

最后,判断一个双音副词是否有求双不求单的要求,也应以静态的最简组合下的韵律要求为准,不以语流中的韵律要求为依据,这一点与形容词合偶词的辨别方法相同。

第二节　副词合偶词的类型

我们在确定一个双音节副词是否为合偶词时同样依据的是它直接充当状语时对光杆组合对象的韵律要求,但这些副词合偶词,实际上除了与光杆形式组合外,还可以与复杂形式组合,有的还可以加"地"修饰谓词性成分,并且在这些不同的组合形式下,对其中的谓词中心语的韵律要求有所不同。根据这一点,我们也把副词合偶词分为严式副词合偶词和宽式副词合偶词。

(一)严式副词合偶词

有一些副词合偶词要求其组合对象无论是光杆形式还是复杂

形式，无论加"地"与否，其中心成分均必须为双音形式，即：

AdAd → 严式状位副词合偶词 / [____ + [VV$_\text{双}$+…]]$_\text{状中}$，且 *[____ + […+V$_\text{单}$+…]$_{\geq 2}$]$_\text{状中}$，*[____+V$_\text{单}$]$_\text{状中}$

我们把该类双音副词成为"严式状位副词合偶词"，如：

*大大奖　大大表扬　大大减轻　*大大夸学生　*大大减下来
*泰然坐　泰然端坐　泰然一笑　*泰然坐下来　*泰然笑一笑
*极度怕　极度害怕　极度担心　*极度怕黑暗　*极度担他的心
*大力帮　大力帮助　大力打击　*大力帮他的忙　*大力打坏人

这些副词均为"严式副词合偶词"。

副词合偶词中，该类严式的合偶词数量不多，我们从《汉语水平词汇与汉字等级大纲》中仅发现10余个，例如"大大、大力、过于、毫不、何等、呼呼、极度、极端、极其、万分"等。

（二）宽式副词合偶词

宽式副词合偶词是指当组合对象为光杆词汇形式时必须为双不可为单，但若组合形式为复杂形式时则允许其中的中心词可以为单，即：

AdAd → 宽式状位副词合偶词 / [____+[VV$_\text{双}$+…]]$_\text{状中}$，[____+[…V$_\text{单}$+…]$_{\geq 2}$]$_\text{状中}$，且 *[____+V$_\text{单}$]$_\text{状中}$

例如：

*从未找	从未寻找	从未找过	从未找过人
*屡次败	屡次失败	屡次撞车	屡次考第一
*私自撕	私自撕毁	私自开车	私自盖楼房
*务必记	务必牢记	务必戒烟	务必记清楚
*优先选	优先选择	优先选房	优先选号码

该类"宽式"副词合偶词数量较多,我们从《汉语水平词汇与汉字等级大纲》中共发现近 80 个。

(三)副词合偶词加"地"构成的变体结构

除了直接组合以外,副词合偶词还可以加"地"与中心语相组合,具体包括以下几种形式:

第一类,加"地"组合时,无论简单形式还是复杂形式,其修饰的成分整体均必须至少为双,在满足这一要求的条件下,其中心词可以为单。

这类双音副词,除了可以直接组合以外,还可以后加"地"充当状语,但是无论加"地"与否,动词在光杆形式下均必须为双,在复杂形式下则要求至少为双,其中的动词可以为单。这类副词合偶词有的用于修饰动词,如:

*彻底洗	彻底清洗	彻底洗掉	彻底洗干净	*彻底地洗
*纷纷买	纷纷购买	纷纷买下	纷纷买电脑	*纷纷地买
*顺利到	顺利抵达	顺利找到	顺利到北京	*顺利地到
*大力修	大力修理	大力修好	大力修河坝	*大力地修
*自发捐	自发捐赠	自发捐书	自发捐衣物	*自发地捐

也有的可以修饰形容词,如:

　　*万分苦　　万分痛苦　　*万分地苦　　万分地痛苦

这类副词合偶词中还有一些可以通过添加动态助词来构成双音形式,满足不能为单的要求,例如:

*彻底忘	彻底忘记	彻底忘了	彻底输了	彻底坏了
*渐渐冷	渐渐转冷	渐渐冷了	渐渐好了	渐渐热了
*逐渐热	逐渐变热	逐渐热了	逐渐远了	逐渐胖了

*顿时醒　　顿时醒悟　　顿时醒了　　顿时哭了　　顿时晕了

这些例子中"了"的有无直接影响到表达形式的合法与非法。

　　第二类，直接组合时，在复杂形式下，中心语可以为单，加"地"组合时，光杆形式也可以为单。

　　这类副词合偶词不仅在其组合对象为复杂形式时允许其中的动词可以是单音节形式，而且当它们通过加"地"充当状语时，还允许与单音词直接组合。例如：

　　*接连输　　接连失败　　接连买中　　接连赢比赛　　接连地输
　　*逐步学　　逐步建立　　逐步建好　　逐步建工厂　　逐步地学
　　*逐渐变　　逐渐改变　　逐渐变好　　逐渐变干净　　逐渐地变
　　*暗暗想　　暗暗思考　　暗暗点头　　暗暗下决心　　暗暗地想

也就是说，这类副词合偶词，其组合对象在满足不可为单的要求时是较为灵活的，可以用复杂的形式，也可以用加"地"的形式。

　　第三类，直接组合时无论简单形式还是复杂形式，中心成分均必须为双，加"地"组合则可以为单。例如：

*不时看　　不时察看　　*不时看书　　*不时看报纸　　不时地看
*深入思　　深入思考　　*深入查案　　*深入想问题　　深入地谈
*不住哭　　不住地哭　　*不住哭泣　　*不住哭鼻子　　不住地哭鼻子
*陆续买　　陆续地买　　*陆续买书　　*陆续买汽车　　陆续地买汽车

也有的是副词修饰形容词的情况，例如：

　　*极其好　　　极其友好　　　极其地好
　　*极端难　　　极端困难　　　极端地难

　　这类副词合偶词的变体结构又稍有不同，仅允许以加"地"的情况下与单音节搭配，否则中心成分必须为双。

由上可见，副词合偶词在构成基础结构时，韵律要求高度一致，均要求必须为双，不可为单，但其构成的变体结构则是多样化的，有的严格要求其中心语必须为双，有的则允许以某种变化的形式来接纳单音形式，或以复杂的形式来接纳单音形式，或以加"地"的形式来接纳单音形式。这恰恰反映了合偶词内部的层次性。

第三节　副词合偶词的语体功能

与动词合偶词、形容词合偶词相同，副词合偶词也同样具有很强的用于正式交际的语体功能，其正式功能高于非合偶词性质的副词，与韵律要求相对应，不仅其内部存在差异，而且其基础结构和变体结构的语体功能也不相同。

1. 副词合偶词的正式程度高于非合偶词

副词合偶词普遍具有书面正式语体功能，主要用于正式交际，而直接充当状语构成"2+1"结构的双音副词则绝大多数具有口语非正式功能，主要用于口语交际，请比较：

A 组：可"2+1"式副词：
本来　更加　一起　比较　赶快　没有　经常　就是　一准
特意　特地　必须　故意　果真　胡乱　或许　立刻　恰巧
偷偷　统统　特别　确实

B 组：副词合偶词
猝然　大大　迭次　毅然　断然　一概　姑且　即刻　渐次

遽然　接连　每每　屡次　略微　略为　委实　相互　永远
暂且　犹然　甚为　终于

以上两组相比，A组口语性很强，如可以用于夫妻间在家庭中的有关家常事物的亲和态度的交际之中，而B组正式程度较高，无法用于家庭中家庭成员间的日常交际。例如丈夫在家中对妻子所说的话，适合选择下面的a句，而不宜选用b句。

（1）a. 我马上走。　　　　　　b. *我即刻出发。
（2）a. 你经常忘了关煤气。　　b. *你屡次忘记关闭煤气。
（3）a. 你妈做的鱼特别好吃。　b. *你妈做的鱼甚为好吃。

相反，倘若是主持人报道新闻，则应该选用副词合偶词，例如，下面例句中的a句是得体的，而b句则是不得体的，这些语句均太口语化，与新闻播报这一正式的交际极不匹配：

（4）a.　迎送仪式结束后，董应龙一行<u>即刻出发</u>，奔赴吉林、黑龙江两省灾区。(《人民日报》，1998年)

　　　b.*迎送仪式结束后，董应龙一行<u>马上走了</u>，奔赴吉林、黑龙江两省灾区。

（5）a.　北京章光毛发再生精联合总厂多次参加国际博览会并<u>屡次夺冠</u>。

　　　b.? 北京章光毛发再生精联合总厂多次参加国际博览会并<u>很多次拿到冠军</u>。

（6）a.　近日俄罗斯发生的恐怖活动<u>甚为猖獗</u>。

（新华社2004年12月新闻报道）

　　　b.*近日俄罗斯发生的恐怖活动<u>挺多的</u>。

可见，二者的语体功能不同，副词合偶词具有书面正式语体功能，只能用于正式交际，而可进入"2+1"组合的双音副词则主要用于口语。

2. 副词合偶词内部存在差异

副词合偶词普遍具有书面正式语体色彩，但其内部也还是存在一些差异的，其差异表现在以下三点：

首先，就合偶词自身而言，绝大部分具有明显的书面正式语体色彩，但也有少量的"只能配双，不可配单"的双音副词，自身不具有书面正式语体色彩，例如：

凑巧熟悉	凑巧碰上	凑巧外出
*凑巧熟	*凑巧碰	*凑巧出
白白流失	白白浪费	白白耽误
*白白流	*白白费	*白白误
正巧遇上	正巧成立	正巧出现
*正巧遇	*正巧成	*正巧出

该类词数量不多，而且它们有一个很大的特点，能够与它们组合的双音动词也是极其有限的，多为不及物动词，它们多数情况下需要与复杂形式组合，例如：

凑巧跟他很熟　　　凑巧是他值班

白白费了三斤面粉　白白找了三天

它们与只能与复杂形式组合，而不宜与光杆形式组合的副词非常接近。

其次，副词合偶词构成的双合基础结构的正式程度要高于变体结构。

副词合偶词构成的典型的双合结构和变体结构在正式程度

上也明显存在差异，双合结构的正式程度明显高于变体结构，例如：

被迫学习	不久身亡	从未寻找	终究失败
被迫学了一年	不久就死了	从未找过	终究败了
连年下降	依旧紧张	私自撤离	向来友好
连年往下降	依旧很紧	私自跑了	向来很好

上面例句的"被迫学习、不久身亡、从未寻找、终究失败"等的正式程度均高于"被迫学了一年、不久就死了、从未找过、终究败了"等变体结构。

最后，"双+双"与"双+地+双/单"的语体功能稍有差异。副词充当状语总体来看分为直接组合和加"地"组合两种情形，直接组合构成的"双+双"结构和加"地"构成的变体结构"双+地+双/单"在语体功能上大体相同，稍有差异。请看例子：

纷纷地落下	深入地思考	陆续地撤离	逐步改进
纷纷地下	深入地想	陆续地撤	逐步地改
暗暗思考	极端地困难	不时地察看	极度寒冷
暗暗地想	极端地难	不时地看	极度地冷

上例中包含了"双+双""双+地+双"和"双+地+单"三种形式，其中"双+双""双+地+双"的正式程度显然要高于"双+地+单"，如"不时地察看"和"不时地看"，前者更为正式，这主要是由动词音节的单双造成的，双音动词正式程度高于单音动词。

在其中的动词均为双音节的情况下，直接组合和加"地"组

合对比而言,其正式程度难分高下,例如:

| 纷纷地落下 | 深入地思考 | 陆续地撤离 | 逐步地改进 |
| 纷纷落下 | 深入思考 | 陆续撤离 | 逐步改进 |

| 暗暗地思考 | 极端地困难 | 不时地察看 | 极度地寒冷 |
| 暗暗思考 | 极端困难 | 不时察看 | 极度寒冷 |

我们很难通过语感分辨出二者哪一个的正式程度更高,并且它们多数情况下均可以用于正式交际,例如:

(7) a. 生态环境<u>极其恶劣</u>,在本地难以解决温饱问题。

(《1994 年报刊精选》)

　　b. 生态环境<u>极其地恶劣</u>,在本地难以解决温饱问题。

(8) a. 因铁木真善于争取人心,致札木合部众<u>纷纷叛附</u>。

(《中国历代名将》)

　　b. 因铁木真善于争取人心,致札木合部众<u>纷纷地叛附</u>。

(9) a. 全校 70 多名教师兢兢业业,为传播中华文化<u>默默耕耘</u>。

(新华社 2004 年 7 月新闻报道)

　　b. 全校 70 多名教师兢兢业业,为传播中华文化<u>默默地耕耘</u>。

这些例句中的"地"加与不加既不影响正式程度,也不影响其交际能力,二者区别不大。但也不可否认二者在表义上仍有不同,加"地"与不加相比,其对动作行为状态的描述性明显加强,也就是说,"双+双"与其"双+地+双/单"变体形式在语体功能上基本相同,但在陈述和描述两种信息功能上出现了差异。

综合以上两点,副词合偶词也具有很强的书面正式语体色彩，与动词合偶词、形容词合偶词，尽管功能类型不同，但语体功能一致。可见，合偶词具有书面正式语体功能，具有很强的普遍性。

思考与练习

1. 如何鉴别一个副词是否为合偶词？
2. 是否可以依据加"地"组合下的韵律要求来判断一个副词是否为合偶词？
3. 什么是严式副词合偶词？什么是宽式副合偶词？后者的变体形式有哪些？
4. 副词合偶词与非合偶词的副词，语体功能有何不同？

第六章

名词合偶词

第一节　什么是名词合偶词

双音名词在组合成更大的单位时，在某些组合结构中，同样对其组合对象也存在着韵律上的要求。请看下面画线的词：

第一组：

<u>暗中</u>调查　　　<u>公费</u>学习　　　<u>全程</u>直播

*<u>暗中</u>查　　　*<u>公费</u>学　　　*<u>全程</u>播

<u>全力</u>帮助　　　<u>武装</u>占领

*<u>全力</u>帮　　　*<u>武装</u>占

第二组：

种植<u>树木</u>　　砍伐<u>树木</u>　　攀缘<u>树木</u>　　观赏<u>树木</u>

*种<u>树木</u>　　*砍<u>树木</u>　　*爬<u>树木</u>　　*看<u>树木</u>

出版<u>书籍</u>　　阅读<u>书籍</u>　　存放<u>书籍</u>　　编写<u>书籍</u>

*出<u>书籍</u>　　*读<u>书籍</u>　　*放<u>书籍</u>　　*写<u>书籍</u>

拥有<u>车辆</u>　　检查<u>车辆</u>　　检修<u>车辆</u>　　出动<u>车辆</u>

*有<u>车辆</u>　　*查<u>车辆</u>　　*修<u>车辆</u>　　*出<u>车辆</u>

邮寄<u>信件</u>　　收发<u>信件</u>　　撰写<u>信件</u>　　烧毁<u>信件</u>

*寄<u>信件</u>　　*收<u>信件</u>　　*写<u>信件</u>　　*烧<u>信件</u>

检查<u>船只</u>　　停泊<u>船只</u>　　拥有<u>船只</u>　　制造<u>船只</u>

*查<u>船只</u>　　*停<u>船只</u>　　*有<u>船只</u>　　*造<u>船只</u>

上例中的双音节名词或做状语，或做宾语，其共同之处是均要求与之直接搭配的光杆动词不能是单音形式，只能是双音形式。我们把这种在静态最简组合下要求其组合对象以光杆形式出现时必须为双不可为单的双音名词称为名词合偶词。

根据考察，名词合偶词主要分布于状语和宾语位置上。名词充当状语的时候，要求与之搭配的光杆动词必须为双，如"重点、暗中"等。还有一些名词在独立充当宾语时，也要求与之搭配的动词不能为单，必须为双，如"书籍、车辆"等。也就是说，根据其充当的句子成分的不同，名词合偶词主要分为状位名词合偶词和宾位名词合偶词。

名词合偶词所构成的单位，也存在典型形式和变体形式之分。有的名词合偶词要求它的组合对象必须为双音形式，只能构成典型形式，即"双合结构"；而有的则要求其组合对象必须至少为双，即除了可以构成双合结构以外，还存在非"双+双"的"变体结构"。

第二节　状位名词合偶词

一、状位名词是否为合偶词

现代汉语中时间名词、处所名词可以独立充当状语，多数普通名词则可以与介词构成介宾短语来充当状语，除此之外，还有少数普通名词也可以直接充当状语。洪心衡（1963）以大量的事实指出"名词可以直接做状语，在现代汉语系统里必须予以肯定"。之后，许多专家，如刘月华（1983：307–314）、文炼（1994b）、黄伯荣、廖序东（1983：368）、邢福义（2002）等也相继提出了"一般名词不能做状语，少数名词可以做状语"。

名词可做状语这一观点提出之后，很多学者对名词做状语的规律、规则进行了具体的研究，如邢福义（1988）、文炼（1994b）、孙德金（1995）、沈家煊（1999）、李梅（2001）等，其中文炼（1994b）、刘慧清（2005）等指出普通名词充当状语构成的状中结构在音节组配上具有较强的规律性，如：

文炼（1994b：98）指出，"我们经常听到'武装保卫''大会发言''直线上升''模范执行'等等说法，这里显示一个特点，全属两个双音词的组合。当然，情况也并非都是如此，口语里便有'火烧（赤壁）''水淹（金山）''油炸（土豆片）''酱爆（黄鱼卷）'之类的说法，都是两个单音词的组合"。

刘慧清（2005：31）指出，"名词为双音节，动词也要求是双音节的，如果动词不是双音节的，要么凑成双音节，要么用对举格式"。

简而言之，名词做状语对于其修饰限定的动词在音节数量上有严格的限制，这与时间名词、处所名词以及介宾短语充当状语很不相同。时间名词、处所名词以及介宾短语充当状语，总体来看，对其所修饰限定的中心语在音节组配上的要求是自由的，可以是单音节形式，也可以是双音节形式，也可以是复杂结构。例如：

明天走	明天离开	明天就走
今年考	今年考试	今年要考试
在天亮前走	在天亮前离开	在天亮前就走
在月底考	在月底考试	在月底要考试
屋里坐	屋里跪坐	屋里坐着

外边玩	外边玩耍	外边玩了一天
在北京住	在北京居住	在北京住着
在外边玩	在外边玩耍	在外边玩了一天

与时间名词、处所名词不同，状语位置的名词对其组合对象普遍具有节律限制，根据已有研究以及我们的考察，在通常情况下，状位名词普遍要求与其组合的动词不能为单音形式①，如果是光杆动词，则必须为双。例如：

高度聚集	原则批准	肉眼观察	志愿捐献	手术治疗
*高度聚	*原则批	*肉眼看	*志愿捐	*手术治
严刑拷打	全天播放	好心帮忙	另眼相看	大字书写
*严刑打	*全天播	*好心帮	*另眼看	*大字写

尽管并非绝不允许双音名词状语与单音动词组合，但这种组合是极其受限的，主要包括以下几种情况：

1. 对举格式中，状位双音名词可构成"2+1"组合（刘慧清，2005）。例如：

低价卖，高价卖	小车进，小车出	飞机来，飞机去
专车接，专车送	原路来，原路回	

2. 定语位置上，状位双音名词可构成"2+1"组合（何婷婷，2006：11）。例如：

棉布做的鞋	毛笔写的字	玻璃做的饰品	羽绒做的衣服

---

① 这里主要是指名词修饰充当句子谓语中心语的动词时所表现出的要求其所修饰的动词不可为单的规则，而当二者所构成的状中结构位于非谓语位置时，这一要求可能会因位置的不同而发生改变，造成其合法与非法的原因在于核心重音的作用，具体的阐释，请见本套丛书之《汉语的核心重音》（尚未出版）。

3. 某些状位双音名词允许与某几个特定的单音动词组合。例如：

集体去	侧面看	正面看	口头说	全部去
*集体办	*侧面进	*正面教	*口头请	*全部进
集体办理	侧面进入	正面教育	口头邀请	全部进入
*集体迁	*侧面批	*正面撞	*口头认	*全部撤
集体迁徙	侧面批评	正面撞击	口头承认	全部撤离

以上例子中的"集体、侧面、正面、口头、全部"只能与个别的单音动词如"去、看、说"等搭配，而无法与单音动词自由组合。

综合以上三点，能够充当状语的双音名词，要么是在特定的格式中，要么是与有限的词组合，即其与单音动词的组合是极其受限的。在通常情况下，双音名词直接充当状语时要求其修饰的动词必须为双，不可为单，由此可以确定，能够充当状语的双音名词为合偶词。该类合偶词遵循如下规则：

NN→状位名词合偶词/[＿＿+VV$_{双}$]$_{状中}$，且 *[＿＿+V$_{单}$]$_{状中}$

能够充当状语的双音名词属于合偶名词，且为一个数量相对封闭的类，不少专家学者对能够充当状语的普通名词的数量进行了统计。如孙德金（1995）对《汉语水平词汇与汉字等级大纲》中的3892个名词进行了考察，发现有60个名词可以做状语；王小溪（2003）对《汉语语法信息词典》中27399个名词进行了考察，发现共有404个可以做状语，其中直接做状语的有383个；刘慧清（2005）在孙德金（2005）的60个的基础上又补充了133个；梁永红（2010）对《现代汉语信息词典详解》中的3528个普通名词进行了考察，发现有92个可以进入"N地

V"结构；张倩（2013）对《现代汉语词典》中的名词进行了考察，共发现674个非时间、处所名词能够充当状语，其中能加"地"的有95个，必须加"地"的有31个，不能加"地"的有597个。可见，能够直接充当状语的双音名词是合偶词的又一小类。

二、状位名词合偶词的类型

我们对专家学者们所收集到的可以充当状语的普通双音名词进行了考察，从与动词独立组合来看，状位名词合偶词要求动词必须为双，不可为单；但若从其整体的搭配对象来看，状位名词合偶词则要求其搭配成分至少为双，具体而言，不同的名词合偶词在满足这一要求上所采用的手段不同，依据这一点，状位名词合偶词同样存在严式和宽式之分，有"基础结构"和"变体结构"两种组合方式。

（一）严式状位名词合偶词

典型的名词合偶词，要求的动词无论是在光杆形式下还是在复杂形式下均必须为双音形式。具体来说，动词要么自身为双音节形式，要么与其单音宾语组合构成一个双音单位，如果动词为双音及物动词，还可进一步带宾语，构成更大的单位，即遵循着下面的规则：

NN → 严式状位名词合偶词 / [＿＿＿ + [VV$_双$ +NP]]$_{状中}$，[＿＿＿ + [V$_单$ +N$_单$]]$_{状中}$，且 *[＿＿＿ + [V$_单$ +NP$_{非单}$]]$_{状中}$，*[＿＿＿ + V$_单$]$_{状中}$

例如：

阴谋政变　阴谋夺权　阴谋篡夺政权　*阴谋夺　*阴谋夺政权

武力打击	武力攻敌	武力打击敌人	*武力打	*武力打敌人
实况转播	实况录像	实况转播比赛	*实况播	*实况播比赛
重拳打击	重拳反腐	重拳打击腐败	*重拳打	*重拳反腐败
全景拍摄	全景摄影	全景展示生活	*全景拍	*全景拍影片
义务培训	义务种树	义务种植树木	*义务种	*义务种松树

这些双音名词，能够自由地与大量动词相组合构成动宾结构，组合时它们无论是与动词单独组合还是与动宾短语组合，均要求其中的动词不能为单音形式，必须以双音节形式出现：可以自身为双音节动词，如"政变、打击、转播、拍摄"；也可以是与其宾语组合成双音节形式，如"夺权、攻敌、种树"。

也就是说，该类名词合偶词与其中心语构成的最简结构为"2+2"，其中的动词若为双音节及物动词，则可以自由地带宾语，如暗中联合、武力打击敌人、实况转播比赛、重拳打击腐败"等，构成的动宾结构可以充当句子谓语成分。例如：

（1）朱申锡<u>暗中联合</u>了御史中丞宇文鼎、京兆尹王璠计划拿王守澄的亲信开刀。

（2）ABC 电视台<u>实况转播</u>了这场比赛。

（3）双方随后<u>低调宣布</u>了长期合作。

（二）宽式状位名词合偶词

有一些状位名词合偶词，除了能够与双音动词组合，构成"2+2"结构以外，还能够以特定的形式接受单音动词，构成不同类型的非"2+2"的结构，即变体形式。该类名词合偶词为宽式状位名词合偶词，具体包括以下几种情况：

1. 整体至少为双，动词可以单音形式存在

有一些充当状语的双音名词，除了能够与双音动词直接组合以外，还可以与以单音动词为中心的复杂结构相组合，如"单音动词 + 双音或多音宾语"构成的动宾结构，而并不要求其中的动词必须为双或必须与邻近单位构成一个双音节韵律单位，即：

NN → 宽式状位名词合偶词 / [____ + [VV$_{双}$ +NP]]$_{状中}$，[____ + [V$_{单}$ +N$_{单/双}$]]$_{状中}$，且 *[____ + V$_{单}$]$_{状中}$

例如：

*暗中帮①	暗中帮助	暗中帮人	暗中帮朋友	暗中查案子
*高薪聘	高薪聘请	高薪聘人	高薪聘专家	高薪请明星
*背后说	背后议论	背后伤人	背后嚼舌头	背后说坏话
*真心爱	真心喜欢	真心爱家	真心爱学生	真心帮群众
*整体好	整体转变	整体转好	整体好起来	整体贵起来
*急步走	急步行走	急步跳下	急步跑出去	急步向前跑

这些状位名词合偶词与双音节动词组合，如"暗中帮助、高薪聘请、背后议论"等，与"单音动词 + 单音宾语"构成的双音形式组合，如"背后伤人、真心爱家、整体转好"等，构成的均是典型的"双 + 双"结构。除此之外，也可以构成"暗中帮朋

---

① 这里（和本书其他地方）的不合法是指核心重音条件下的不合法，一旦满足了核心重音的作用，或离开了核心重音的作用，就会变得可以接受，请看下面的例子：
（1）我暗中帮过他几次。
　　*对她我不想暗中帮。
（2）? 这种事总背后说不好。
　　*这种事你不能背后说。
其具体的原因请详见本套丛书之《汉语的核心重音》（冯胜利，尚未出版）。

友""暗中帮朋友的忙""高薪聘专家""高薪聘美国专家""背后挖墙脚""背后挖我的墙脚"等"双+（单+NP）"的变体结构。

该类名词构成的状中结构，名词与中心语之间的关系并不是很紧密，其间可以插入其他成分，例如：

暗中从美国帮助朋友　　高薪从名牌大学挖了几个专家过来
背后随便议论别人　　　真心为学生想办法
整体向好的方向发展　　急步从山上跑了下来

2. 加"地"，整体可以为单

有一些状位名词充当状语，除了直接组合以外，还可以通过加"地"组合，并且当其后添加"地"时，它所修饰限定的动词便既可以为双音节动词，也可以是单音节动词，甚至是更加复杂的结构，即：

NN → 宽式状位名词合偶词 / [＿＿ + [VV$_双$+NP]]$_{状中}$，[＿＿ + 地+V$_单$]]$_{状中}$，且 *[＿＿+V$_单$]$_状$

例如：

*病态长	病态地长	病态地笑	病态地增长	病态地大笑
*恶意闹	恶意地闹	恶意地笑	恶意地议论	恶意地嘲笑
*温情说	温情地说	温情地笑	温情地注视	温情地微笑
*傲气说	傲气地说	傲气地看	傲气地争辩	傲气地生活
*狭义讲	狭义地讲	狭义地说	狭义地理解	狭义地界定
*技巧问	技巧地问	技巧地说	技巧地询问	技巧地运用

以上例句中状位名词合偶词均需要添加"地"才能充当状语，并且加"地"后既可以修饰双音节动词，如"病态地增长、恶意地议论、温情地注视、狭义地理解"等，也可以修饰独立的

单音节动词，如"笑、闹、讲、说、问、长"等，当然也可以修饰以单音动词为中心语的各种音节组配的短语，例如：

病态地对我吼　　病态地对我吼叫　　病态地吃东西
恶意地闹起来　　恶意地冲我胡闹　　恶意地扔东西
傲气地朝我笑　　傲气地朝我大笑　　傲气地梗着脖子

总体来看，凡是能够接受单音动词的，一般都能接受以单音节为中心语的各种复杂结构，反之则不必然。

3. 加"地"，且搭配成分整体不可为单，中心动词可以为单

有的状位名词合偶词加"地"之后，除了可以直接修饰双音动词外，还可以修饰以单音动词为中心的各种短语，但无法修饰光杆的单音动词，即：

NN → 宽式状位名词合偶词 / [＿＿＿ + [VV$_双$+NP]$_{状中}$, [＿＿＿+ 地 +[X+V$_单$+NP]]$_{状中}$，且 *[＿＿＿+V$_单$]$_{状中}$，*[＿＿＿+ 地 +V$_单$]$_{状中}$

例如：

*历史地看　　历史地看待　　历史地看问题
*本能地逃　　本能地逃跑　　本能地向外逃
*奇迹地活　　奇迹地幸存　　奇迹地活下来
*惯例地走　　惯例地走去　　惯例地走出去
*敌意地说　　敌意地盯看　　敌意地对他说
*理论地说　　理论地表现　　理论地说了说

这其中有一些双音名词无论加"地"与否均可充当状语，但是加与不加"地"直接影响到其修饰成分的音节的单双，若非双音节形式，必须加"地"；若为双音形式，则加与不加均可。例如：

激情地朗诵　激情朗诵　激情地背了一首诗　*激情背了一首诗
盛情地款待　盛情款待　盛情地对大家说　　*盛情对大家说

4. 搭配成分只能为双音形式，但句法自由度不高

上述三种宽式状位名词合偶词均是以某种组合形式接受单音形式，由此不同于严式状位名词合偶词。还有一些名词合偶词，尽管也完全无法接受单音形式，但它们与严式状位名词合偶词不同的是，它们要求其搭配成分只能是双音节形式，既不可多也不可少，更重要的是，它们与动词组合的自由度和能产性很低，我们把该类也看作一种变体形式。

该类状位名词合偶词，在实现双音的方法上，也既可以是搭配对象自身为双音节动词，也可以是单音动词与另一单音节组合为双音形式。该类状位名词合偶词构成的"2+2"结构完全无法扩展，既不能中间插入，也基本无法带宾语。例如：

药物治疗	药物治癌	药物流产	?药物治疗疾病
真空包装	真空保护	真空杀菌	?真空包装牛肉
炉火烧烤	炉火取暖	炉火烤肉	?炉火烧烤牛肉
电视购物	电视营销	*电视买车	*电视营销商品
牛奶洗脸	牛奶洗澡	*牛奶沐浴	*牛奶冲洗脸部
拼音输入	拼音标注	?拼音书写	?拼音输入汉字

而且它们所能搭配的动词也是有限的，如"药物、真空、炉火、电视"只能有一两个动词结构相组合。该类双音名词遵循的规则为：

NN → 宽式状位名词合偶词 / [____ + [VV$_双$]]$_{状中}$，且 *[____ +（地）+[X+VV 双 +NP]]$_{状中}$，*[____ +V$_单$]$_{状中}$

从句子成分功能来看，这类搭配形成的结构多充当宾语、主语，偶有充当谓语，并且多数只能以"2+2"的形式出现。例如：

（4）一直坚持骑自行车上下班，不让小车接送。

（5）尽管病得很严重，但他仍不愿意手术治疗。

（6）任何组织和个人均不得胁迫未成年人街头卖艺。

这表明，无论是该类双音名词自身，还是其构成的"2+2"结构，均不具有典型的状中结构的特征。此外，从表达内容来看，该类充当状语的双音名词多表达具体的事物，属于具体名词，而组合能力强的名词多属于抽象名词。

由上可见，状位名词合偶词内部同样有层次性，由此再现合偶词的丰富性和系统性。

第三节　宾位名词合偶词

名词，除了有些双音名词在充当状语时对其组合对象存在韵律要求以外，现代汉语中有一些双音节名词在独立充当宾语时，要求其对应的动词必须为双，不宜为单。例如：

书籍：　编写书籍　购买书籍　阅读书籍　印刷书籍　销售书籍
　　　　*写书籍　*买书籍　*看书籍　*印书籍　*卖书籍
树木：　种植树木　砍伐树木　观赏树木　购买树木　燃烧树木
　　　　*种树木　*砍树木　*看树木　*买树木　*烧树木
物资：　购买物资　储存物资　运输物资　租借物资　供给物资
　　　　*买物资　*存物资　*运物资　*借物资　*供物资
纸张：　制造纸张　使用纸张　生产纸张　购买纸张　粘贴纸张
　　　　*造纸张　*用纸张　*产纸张　*买纸张　*粘纸张

也就是说，这些双音名词在充当宾语时遵循下面的规则：

NN → 宾位名词合偶词 / [VV$_{双}$+＿＿＿]$_{动宾}$，且 *[V$_{单}$+＿＿＿]$_{动宾}$

我们把这些自身为双、在独立充当宾语的条件下，要求其述语必须为双、不可为单的名词，称为"宾位名词合偶词"。我们对《汉语水平词汇与汉字等级大纲》中的名词进行了逐一考察，发现有 50 多个宾位名词合偶词。

宾位名词合偶词对述语的求双要求是它区别于非合偶词的重要特征。汉语中大量的名词在充当宾语时并不要求其对应的述语必须为双、允许为单音形式，例如：

机票：	买机票	找机票	送机票	卖机票	购买机票
本事：	学本事	长本事	有本事	练本事	培养本事
病人：	看病人	找病人	帮病人	骂病人	照顾病人
材料：	找材料	查材料	送材料	看材料	查阅材料
感情：	有感情	讲感情	伤感情	谈感情	增进感情

以上例子中的双音名词既可以与单音动词直接组合，也可以与双音动词直接组合，对于述语没有音节组配上的特殊要求，均不属于名词合偶词。

宾位名词合偶词与其对应的双音动词相组合，构成了最简的"2+2"结构，并且该结构允许扩展，其中的名词可以前加修饰语，其中的动词也可以前加修饰语。例如：

饲养动物	购买动物	贩卖动物	爱护动物
饲养猫科动物	购买名贵动物	贩卖野生动物	爱护所有动物
细心饲养动物	高价购买动物	违法贩卖动物	尽心爱护动物
编写书籍	购买书籍	阅读书籍	销售书籍

编写汉语书籍　购买各种书籍　阅读国内书籍　销售名贵书籍
认真编写书籍　经常购买书籍　广泛阅读书籍　大量销售书籍

但是，我们也发现，一旦充当宾语的名词合偶词之前添加了修饰语，构成一个定中结构以后，便会消除其对动词的韵律限制，其动词既可以是单音节形式，也可以是双音节形式。例如：
种了多种树木　砍很多树木　看各种树木　买大量的树木
养小动物　　买了很多动物　杀生病的动物 买一只可爱的动物
救咱们的国家 卖了自己的国家 爱别人的国家 建一个新的国家
编了很多书籍 买旧书籍　　　读古书籍　　 卖废旧书籍

也就是说，定语成分的添加破除了宾位名词合偶词对于其述语的韵律限制。

从表达的内容来看，宾位名词合偶词多属于集合名词，也有少量的抽象名词，如"友谊、罪行、财富"等，少量的具体名词，如"动物、会议、国家"等，其中具体名词所指称的事物多为类属名词，总体来看，该类名词合偶词的抽象性较高，具体性较低。

第四节　名词合偶词的语体功能

名词合偶词同样为书面正式语体词汇的重要组成成分，发挥着用于正式交际的语体功能。其中宾位名词合偶词无论是自身还是其构成的"双合结构"，均具有很强的正式色彩，在口语中均无法使用。状位名词合偶词也是如此，在口语中名词很少能够充当状语，但就充当状语的名词自身而言，其正式色彩则具有多样性。下面依次来看两类名词合偶词的语体功能。

一、宾位名词合偶词的语体功能

宾位名词合偶词,无论是自身,还是其与双音节动词构成的"双 + 双"的双合结构,正式程度均很高,均不用于口语,在口语中涉及这些概念时,多用对应的单音名词或非合偶性质的双音名词。试比较:

第一组:合偶名词与非合偶名词

书籍—书　　树木—树　　花朵—花　　纸张—纸
会议—会　　家庭—家　　药物—药　　村庄—村
书籍—词典　树木—松树　花朵—小花　纸张—白纸
旗帜—红旗　证件—证书　药物—中药　村庄—村子

第二组:双合结构与非双合结构

购买书籍—买书　　种植树木—种树　　采摘花朵—摘花
维修车辆—修车　　召开会议—开会　　组建家庭—成家
采购药物—买药　　颁发证件—发证儿

上例中的"书籍、树木、花朵、纸张、会议、家庭、药物、村庄、旗帜、证件、药物、村庄"的正式程度,不仅高于单音名词"书、树、花、纸、会、家、药、村",而且高于双音非合偶词名词"词典、松树、小花、白纸、红旗、证书、中药、村子",合偶名词构成的双合结构,如"购买书籍、种植树木"等,其正式程度也要高于单音名词与单音动词组合而成的动宾结构,如"买书、种树"等。

由于语体属性的不同,宾位合偶名词与单音名词的使用场合很不相同，前者用于正式场合下的交际，不能用于家庭环境下的日常对话，如母女日常对话中不宜使用该类词汇形式，请看：

（7）妈妈，你说爸爸会给我买很多*书籍吗？

　　妈妈，你说爸爸会给我买书吗？

（8）妈妈，你说爸爸会给我种很多*树木吗？

　　妈妈，你说爸爸会给我种树吗？

（9）妈妈，你说爸爸会给我买很多*药物吗？

　　妈妈，你说爸爸会给我买药吗？

单音名词则与之相反，主要是在口语非正式交际中使用，不宜用于正式场合下的交际对话，如下文是某一书展的宣传公告，其中的"书籍"均不宜替换为"书"：

（10）本次书展将推出不少适合年轻人口味的、图文并茂的书籍（？书），包括受到年轻人青睐的多媒体读物，同时，还将增加专业英文书籍（？书）的比重。

该句中的"书籍"若改为"书"则会大大降低表达的正式性，难以满足宣传公告的正式要求，而使用"书籍"则表达得体，且语长气重。

宾位名词合偶词是另一具有很强书面正式语体功能的合偶词，它的存在和使用丰富了合偶词的类型，也使正式表达多样化。

二、状位名词合偶词的语体功能

双音名词充当句子的状语，是书面语语体语法所独有的一类现象，但就合偶词自身而言，与其他合偶词稍有不同，它们有的是具有很强的正式色彩的书面语体词，而有的则属于两种语体通用的中性语体词，甚至有的是用于口语的非正式语体词。状位名词合偶词构成的状中结构普遍具有书面语体色彩，但也有少数可用于口语。

1. 状位名词合偶词自身语体类型多样。

若从成员自身的语体来看，状位名词合偶词自身并非均具有书面正式语体色彩，有的是书面语体词，有的则为中性语体词，甚至有的为口语词。以孙德金（1995）和刘慧清（2005）二人收集到的共193个状位名词为例，其中的书面语名词和中性名词如下：

A组，书面语体词：

暗中	暴力	部分	大脚	低调	低价	低温	低息	底线
动力	动态	恶意	感情	高度	高价	高温	高薪	高压
公款	规模	和平	货币	基因	激情	集体	集团	集团
精品	精神	局部	科技	科学	客场	口头	廉价	明码
明文	母乳	内部	千金	亲情	曲线	全程	全景	全力
全屏	全体	全天	荣誉	肉眼	深情	盛情	实地	实况
事实	手工	手球	书面	顺序	燧石	头球	团伙	团体
微观	武力	武装	现场	现金	协议	刑事	胸部	严刑
药物	义务	意气	意图	阴谋	友情	原地	原则	战略
战术	掌声	真情	真心	整体	政治	职务	志愿	重点
重金	重拳	主场						

B组，中性或口语语体词：

背后	本科	表面	博士	侧面	厂价	成本	初中	大班
大处	大碗	大学	大专	大字	刀刃	地主	电话	电视
反面	飞机	福利	富农	干部	高中	根本	工人	公费

好心	红牌	黄牌	火线	机器	激光	技术	键盘	街头
科班	冷水	冷眼	良心	两地	另眼	煤气	牛奶	农民
拼音	气功	全部	全国	实话	手术	硕士	特价	网络
网上	卫星	文化	现钱	小班	小本	小车	小处	小学
笑脸	演员	义气	邮局	语言	真空	正面	政治	知识
直线	中农	中学	中专	专车	专科	专业		

上例A组的双音名词自身均具有很强的书面语体色彩，无论是充当状语还是充当其他成分，一般均不在口语非正式场合较集中使用。而B组的双音名词则不同，它们很多可以在口语非正式交际中使用，甚至有的具有很强的口语色彩，如"街头、小车、小班、根本"等。

2. 状位名词合偶词所构成的状中结构多数正式色彩浓厚，个别可以用于口语。

状位名词合偶词构成的状中结构多数表达很强的书面正式语体色彩，这一点与时间名词、处所名词、普通名词和介词构成的介宾短语很不相同。后者既可在口语中使用，也可在正式交际中使用，其语体性质主要取决于其中的词语的语体属性。例如：

(11) a. 李耀庭十分猖狂，<u>暗地</u>投靠日寇。(《人民日报》)

　　 b. 自从那事儿结下了仇以后，她经常在暗地里说我坏话。(口语)

(12) a. 伊武装人员9日<u>暴力</u>袭击了巴古拜的3所村镇警局。

(新华社新闻报道)

　　 b. 伊武装人员9日<u>用暴力</u>袭击了巴古拜的3所村镇警局。(书面语)

(13) a. 广州地方还有在庙中<u>集体</u>供奉灯盏，叫做"请丁"的习俗。(《中国古代文化史》)

　　b. 广州地方还有一个叫"请丁"的习俗，就是在庙中<u>大家一起供灯</u>。(口语)

以上例句（11b）（13b）为口语体，（12b）为正式体，但每组 a、b 相比，很明显 a 句均比 b 句更为正式。

与其他合偶词相同，状位名词合偶词所构成的状中结构，其内部也存在层次性，自身具有书面语色彩的状位名词合偶词所构成的状中结构均具有书面语色彩。例如：

动态分析国内现状	严刑逼问犯人	友情提示宾客
政治解决领土争端	全程接送游客	肉眼观察世界
深情地注视着对方	恶意地破坏团结	集体地参加活动
盛情地款待客人	激情地歌唱	科学地分析现状

自身为口语词的状位名词构成的双合结构也多具有书面语色彩，很少在口语中使用，请看下面的例子：

| 电视购物 | 键盘操作 | 大字书写 | 街头卖艺 | 专车接送 |
| 大脚解围 | 手术治病 | 成本出售 | 网络营销 | 拼音输入 |

这一组词尽管名词为口语词，但组合而成的状中结构却为书面语表达形式，也很不宜用于家庭成员间的日常对话中。例如，早饭后，母亲对女儿说："你就不能把字写大点儿吗？"不宜改为"你就不能大字书写吗？"前者的语体属性与日常口语交际相匹配，后者的正式色彩与非正式交际场合相冲突，因而不得体、不恰当。

此外，充当状语的双音名词合偶词中，也有少量的构成的状中结构正式色彩较低，甚至可以在口语中使用，例如我们发现如下几个：

好心帮忙　　小学毕业　　大碗吃饭　　电话联系

它们不仅名词合偶词自身具有口语性，而且构成的双合结构也可用于口语性交际里。例如：

（14）我好心帮忙，你还不领情。

（15）咱们大碗喝酒，喝个痛快。

（16）我妈小学毕业，认识的字不多。

（17）你先回去，回头咱们电话联系。

可见，状位名词合偶词，与其他合偶词一样，其语体功能以书面正式语体为主，但内部具有层次性，甚至有少量的成员为口语语体所使用。

3. 双合结构正式程度高于变体结构。

状位名词合偶词语体功能的层次性，还表现在其双合结构的正式程度要高于变体结构，无论是自身具有书面语性质的状位名词还是自身具有口语性质的状位名词，均表现出了这一规律性，请看：

（18）a. 美国指责印度科学家<u>暗中帮助</u>伊朗。

（新华社 2004 年 10 月新闻报道）

　　　b. 美国指责印度科学家<u>暗中帮</u>伊朗<u>的忙</u>。

（19）a. 他用越来越高的资金<u>高薪聘请</u>了 40 多位一流的专家。

（《1994 年报刊精选》）

　　　b. 他用越来越高的资金<u>高薪聘</u>了 40 多位一流的专家。

（20）a. <u>侧面观察</u>，会发现它很像"S"。

（《人民日报》2000 年）

b. 侧面看过去，会发现它很像"S"。

（21）几十年来，他一直坚持冷水洗澡。(《人民日报》2000年)

　　　几十年来，他每天都要冷水洗一个澡。

（22）王楠，美国南卡罗莱那大学博士毕业。(《百家讲坛》)

　　　王楠，特别聪明，十岁出头就初中毕了业。

　　以上例句中，无论是"暗中帮助""高薪聘请""侧面观察"，还是"冷水洗澡""博士毕业"等，其正式程度都要高于"暗中帮伊朗的忙""高薪聘了40多位一流的专家""侧面看过去""冷水洗了澡""初中毕了业"等非双合的变体形式。

　　综上所述，状位名词合偶词是书面正式语体的另一词汇类型，在这一类型中，书面正式语体既自生了一些与口语不同的词汇形式，同时也从口语中借用了一些词汇形式，并且借用之后，以新的语法功能——充当状语，与口语拉开距离，具有与其他合偶词相同的语体功能。由此可见，以合偶词表达正式功能在汉语中具有很强的普遍性。

思考与练习

1. 如何鉴别一个名词是否为合偶词？
2. 名词合偶词按照功能来分存在哪些类型？除了本书介绍的两类外，是否还存在其他类型？
3. 名词直接做状语与名词构成的介宾结构充当状语，在语体功能上有什么不同？

第七章

合偶词的语法属性

合偶词分布于不同的词类，不同词类的合偶词与双音组合的方式又存在差异，但总体来看，合偶词存在一个共同的语法本质：通过双音形式以及配双要求，构建书面正式语体语法形式，实现语义上的"抽象+抽象"，达到表达正式语体的语体功能，并且合偶词的求双要求越为严格，其这一属性就越为强烈，随着求双要求的降低，这一本质特征也有不同程度的降低。我们下面以各类典型的合偶词为例，逐步分析这一语法属性。

第一节 "双+双"的句法功能：构成书面正式语体语法

合偶词以自身的双音形式和配双要求，在汉语基础语法结构的基础上构建出了一批书面正式语体独有的极为丰富的语法形式，请看：

韵律要求 →	基础结构 →	正式语体语法	例子
双+双	动宾结构	对+NP+形式动词+双音动词	对问题进行研究
双+双	定中结构	双音形容词+双音抽象名词	积极作用
双+双	状中结构	双音副词+双音动词	彻底调查
双+双	状中结构	双音名词+双音动词	重点研究
……	……	……	……

这些语法结构的构成无不是通过双音形式和配双要求来实现

的，并且与对应的口语语法相比，存在诸多不同，有表层结构形式的不同，更重要的是组合规则的不同。我们下面以上面四类组合为例来具体分析。

（一）"形式动词"及其构成的动宾结构

形式动词及其构成的"双 + 双"结构，无论是其组成要素（即形式动词、形式动词的宾语），还是其整体结构（即以形式动词为中心构成的"动宾结构"），均为书面正式语体语法所独有，具有与口语中类似的语法成分不同的特征。

从组合要素来看，首先，形式动词自身是具有较强书面语色彩的词汇形式，口语中基本不会使用，与书面正式语体的形式动词相对应。口语交际中也存在着一类意义非常虚化的轻动词，如"搞、弄、来、干、整"等，它们无论在音节形式上还是句法属性上，均与形式动词表现出了很大的不同。比如，音节的数量上，形式动词除了"作"之外，均为双音形式；而口语的轻动词则毫无例外地均为单音形式；重叠能力上，形式动词均无法重叠，而口语轻动词则多数能够重叠；除此之外，更为重要的差异是其对宾语性质的要求不同，形式动词要求以双音动词为宾语，而不能用普通事物名词，口语轻动词则多以普通事物名词为宾语，例如"弄点儿菜、搞篇文章、整点儿材料、干点活儿、做点儿事、来瓶酒"。

该结构的另一组合要素是宾语，形式动词的宾语或为事件名词，或为双音动词。就充当形式动词宾语的动词来看，与口语中的动词相比也存在诸多不同，如：音节形式上，形式动词的宾语必须为双音形式，口语中的动词多为单音形式；语体色彩上，形式动词的宾语不仅要为双音形式，而且必须具有较强的书面正式色彩，带有口语色彩的双音动词很难充当形式动词的宾语，例如：

?进行帮忙　　?进行办理　　?进行收拾　　?进行表演
?进行复印　　?加以捣乱　　?给予补贴　　?加以叮嘱

以上是从组成要素来看的，形式动词构成的"双+双"结构的两个组成要素自身均为书面正式语体所独有的语法要素，是口语中所不具有的成分。

从整个结构来看，更是如此。形式动词与其宾语的组合规则，无论是与双音动词充当谓语中心语的规则相比，还是与口语中的动词充当宾语时（如"喜欢、感觉"等可以带动词宾语）的组合规则相比，均截然不同：

首先，形式动词只能与双音动词组合，不能与单音动词组合；而"喜欢、感觉"的宾语单双音动词均可。例如：

进行学习　　进行调查　　加以拯救　　给予帮助
*进行学　　 *进行查　　 *加以救　　 *给予帮

喜欢学习　　喜欢调查　　喜欢爬行　　喜欢讨论
喜欢学　　　喜欢查　　　喜欢爬　　　喜欢说

其次，形式动词要求双音动词充当宾语时必须去掉其宾语、补语、主语，宾语多与"对"构成动宾结构，其主语则充当形式动词的主语；口语中的动词充当宾语时，则无法进行此类操作，其主语和宾语照常不变。例如：

调查案件　　　　对案件进行调查　　　　*进行调查案件
屠杀群众　　　　对群众进行屠杀　　　　*进行屠杀群众

东征了两次	进行两次东征	*进行东征了两次
敌军屠杀百姓	敌军对百姓进行屠杀	*对百姓进行敌军屠杀
领导表扬员工	领导对员工给予表扬	*对员工给予领导表扬
喜欢调查	喜欢调查案件	喜欢警察调查案件
喜欢训练	喜欢训练孩子	喜欢教练训练孩子

再次，双音节动词与形式动词构成动宾结构后，不能后带助词"了、着、过"，其可以附加的状语也大大受到限制，而双音动词充当谓语或口语中的动词宾语则不受这些限制。例如：

*进行调查了	*进行考虑着	*进行研究过
*进行马上调查	*进行正在考虑	*进行以前研究
感觉他去了北京	听说他正在学着汉语	承认以前喜欢过他
认真调查了这件事	正在考虑着这件事	以前研究过这个问题

最后，双音节动词充当形式动词的宾语时，很多状语，如时间状语、处所状语等均必须前移为形式动词的状语。例如：

认真进行调查	科学地加以疏导	严厉地加以批评
进行认真调查	加以科学疏导	加以严厉批评
马上进行调查	及早予以考虑	赶快加以准备
*进行马上调查	*予以及早考虑	*加以赶快准备
明天进行调查	明年予以考虑	今天进行准备
*进行明天调查	*予以明年考虑	*进行今天准备
在北京进行调查	对该方面予以考虑	在学校加以准备
*进行在北京调查	*予以对该方面考虑	*加以在学校准备

以上例句中"认真、科学、严厉"等可充当状语的形容词既

可放在形式动词之前,也可以放在充当宾语的双音节之前;但副词"马上、及早、赶快",时间名词"明天、今天、明年",表达处所的"在北京、对该方面、在学校"只能放在形式动词之前。

只有表义抽象的一些状语可以保留在双音动词之前,如:

严肃地进行调查　　进行严肃的调查
全面地进行改革　　进行全面的改革
重重地表扬员工　　对员工给予重重的表扬

由上可见,形式动词与双音动词组合而成的动宾结构具有自身独有的规则,既不用于口语中的动宾组合,也与普通动词充当谓语的情况很不相同。

(二)形容词合偶词及其"双+双"定中结构

形容词合偶词,以汉语的基础结构"定中结构"为基础,构成了双音形容词直接修饰抽象双音名词的定中结构。

从该结构的组成要素来看,无论是形容词合偶词,还是与其组合的抽象名词,均具有很强的正式色彩,均非口语词汇形式,也就是说,该结构的组合要素为书面正式语体语法系统中的成员。

从结构的组合规则来看,存在以下要求:一是组合要素必须为"双音形式";二是形容词必须为合偶形容词,名词必须为抽象名词;三是必须直接组合,不可加"的"组合。违反这其中的任何一个规则,构成的表达形式便会发生改变,成为可以表达口语功能的语法形式。请看:

1)双 + 双

伟大人物　　成熟阶段　　高大形象　　古老文化

黑暗势力　　积极作用　　有效措施　　长久效应

2）单＋双

大人物　　熟玉米　　高个子　　老建筑

黑房子　　好作用　　好法子　　长时间

3）单＋"的"＋双

大的孩子　　熟的玉米　　高的个子　　老的建筑

黑的房子　　好的作用　　好的法子　　长的时间

4）双（＋"的"）＋单

漂亮的人　　暖和的鞋　　老实的人　　干净的鞋

漂亮人　　　暖和鞋　　　老实人　　　干净鞋

只有按照结构1）组合而成的表达形式才必然具有书面正式语体功能，而按照2）、3）、4），可以构成口语表达形式。可见，"双音形容词＋双音抽象名词"是"双＋双"在"定中结构"的基础上创造的另一类正式语体语法形式。

（三）副词合偶词与双音动词构成的"状中"结构

汉语中副词修饰动词，古汉语中存在，现代汉语口语中也大量存在，副词合偶词以自身的双音形式和配双要求，在状中结构的基础上，构建出了另一类型的正式语法形式"双音副词＋双音动词"。

同样，从该结构的组合要素来看，无论是身为合偶词的双音副词，还是与其组合的双音动词，均具有较强的正式色彩，这一结构同样也要求以书面正式语体语法系统的成员作为组构的材料。

从整个组合来看，其组合规则与口语的状中结构不同：一是组合要素必须为"双音形式"；二是副词必须为合偶词；三是必须直接组合，不能加"地"组合；四是允许动词以光杆形式存在。这四条规则将其与口语中的状中结构如"单+双""双+复杂形式"区分开来。例如：

（A）副词合偶词+双音动词

彻底解决　　逐步研究　　竭力挽救

极端困难　　极度寒冷　　过于疲劳

（B）双音副词+单音动词

反倒好　　亲手做　　任意买

照样哭　　从小练　　随意看

（C）双音副词+"地"+单音动词/形容词

不住地喊　　极其地好　　及早地治　　飞快地跑

接连地丢　　呼呼地睡　　默默地哭　　暗暗地想

以上（A）组的结构形式显然与（B）、（C）不同。此外，副词合偶词与双音动词组合时，对于动词的要求，与其与单音动词组合时对单音动词的要求，有很大的不同。副词合偶词可以与光杆双音动词直接组合，而与单音动词组合时，单音动词必须以复杂形式存在，不可为光杆形式。例如：

被迫学习　　＊被迫学　　被迫学了一年

必然增加　　＊必然找　　必然找你

不久离开　　＊不久走　　不久走了

几乎死亡　　＊几乎死　　几乎死了

可见，无论是形式上还是组合规则上，由合偶词通过"双+

双"构成的状中结构,与口语性的状中结构迥然不同。

(四)名词合偶词与双音动词构成的"状中"结构

状中结构是汉语中的一种基础结构,这一结构在口语中大量存在,但名词做状语在口语中确实少见,并且是使用受限的一种类型。汉语中存在一些名词合偶词,它们通过自身的双音形式以及配双要求,在状中结构的基础上,构建出了一种口语中使用极其受限的语法形式,即"双音名词做状语"结构。

这一结构中,从组合要素来看,有的为书面正式语体所独有的词汇形式,有的则是口语和书面语中通用的中性词,也就是说,书面正式语体通过双音形式创造自身独有的词汇形式,同时也以双音的形式为标准从口语中吸收某些语言要素,通过"双 + 双"组合规则使其脱胎换骨,改变属性,成为书面正式语体语法系统所独有的成分。这更加有力地显现了双音形式以及双配双规则在构建语体语法上的重要作用。

实际语言中的例子远不限于以上所举,但以上四类已有力地说明:以合偶词为基础,通过"双 + 双"的形式进行组合,是书面正式语体语法系统创造语法形式的重要手段。

第二节 "双 + 双"的语义属性:"抽象 + 抽象"

合偶词以自身的双音形式以及配双要求,在汉语基础结构的基础上,构成了很多与口语不同的书面正式语体语法形式,而这些语法形式在语义上具有共同的语义属性,即"抽象 + 抽象"。

下面具体分析两种类型。

(一)形式动词+双音动词

动词合偶词存在多种类型,"形式动词"是其中最为典型的一个小类,其"抽象+抽象"的特征表现得尤为明显。

先看形式动词,形式动词自身意义极为抽象,甚至不包含清楚的词汇内容,如朱德熙(1985)很早就指出,这些动词原来的词汇意义已经明显地虚化,在某些句子中把它们去掉并不影响原句的意义。

形式动词不仅自身表义抽象,还要求与其相组合的宾语也不能具体,必须表达抽象的内容,因此形式动词不能与表达具体事物的名词组合,如"*进行一个书包、*加以一个奖、*给予一个书包",均为非法形式;也不能与表达具体动作的单音动词相组合,例如"*进行读、*给予帮、*加以批"亦为非法形式,这些表达具体事物、具体动作的成分均无法充当形式动词的宾语,可见,形式动词对于"具体"具有排斥性。

形式动词的宾语或者为表达动作行为的名词,或者为双音及物动词。前者,表达动作行为的名词,如"手术、工作"等,表达的是抽象的行为,而非具体的事物,因此自然具有内容"抽象"的特征。那么,双音动词是否具有"抽象"属性呢?

根据前面对形式动词组合规则的讨论,我们可以看到双音动词充当宾语,与其充当谓语中心语相比,其句法功能发生了很大的变化,如不能携带宾语、补语、主语,不能后带动词助词,可以前加的状语大大受到限制,等等。这诸多的句法变化实际上是其本质属性变化的外在反映，充当形式动词宾语的双音动词，与充当谓语中心语的情况相比，实际上是词性发生了根本性的变化，根据冯胜利（2009）、王丽娟（2009）的研究，双音节韵律形式具有类似于"ing""tion"等屈折形式的语法功能，它们能够改变词的性质，双音节动词既具有动词的属性，也具有名词的属性，当作为谓语中心语时，其动词性功能凸显；而充当形式动词的宾语时，其名词性功能更强，因此表现出了很强的名词性特征，而排斥动词性成分的句法规则。

除了语法属性上的变化之外，动词充当宾语后句法特征的诸多变化，也表明了双音动词由谓语位置到宾语位置会变得更为抽象化。双音动词充当宾语以后，它对动作发出者的要求，对对象的支配，以及对具体时间和具体空间的占据等诸多功能或特征都消失了，这均说明从谓语中心语到形式动词的宾语，双音动词所表达内容的具体性大大降低了，更为抽象了。

实际上，词性的转变与具体、抽象之间的转化本质上是相同的，前者是因，后者是果。双音动词由谓语中心语到形式动词宾语位置的变化，不仅仅是其词性的变化，伴随着动词性减弱、名词性增强的变化，其具体性和抽象性也在进行着转化。由于动词凸显的是过程中一个个按照虚拟时间依次排列的子状态，即凸显的是内部的个体，而动词的名词化形式则是凸显了由一个个子状态所共同构成的空间范畴，而忽略了构成整个空间范畴的一个个成分的个体性，凸显了整体性。因此当双音动词名词性增强以后，其抽象性自然也就增强了。

可见，形式动词构成的"双+双"语义上为"抽象+抽象"，是合偶词语义属性的一个典型特征。

（二）形容词合偶词与双音名词直接组合构成的"定中结构"

它们同样也是"抽象"与"抽象"的组合，并且这也是合偶词与名词直接组合的强制性条件。

形容词由于表达的是性质、状态，因此其内容普遍不具体，形容词合偶词抽象程度尤为强烈，表达的是抽象的性质，难以通过视觉、感觉来感知，这与汉语中的单音形容词很不同。单音形容词尽管表达的是性质，但不少单音形容词表达的性质是可以与特定的视觉或感觉相对应的，例如"高、矮、胖、瘦、大、小、老、少"等与某一具体的视觉形象相对应，而"冷、热、疼、痛、痒"等则与具体的感觉相对应；而形容词合偶词所表达的性质，如"伟大、积极、合理、黑暗"表达的是复杂的、抽象的性质，无法具化为某一具体的视觉形象或肢体感觉。

形容词合偶词，不仅自身表达内容抽象，而且也要求其组合对象必须为抽象内容，倘若不是抽象名词，则无法直接组合，必须加"的"才能组合。例如：

巨大危险	巨大责任	巨大成就	巨大能量
*巨大草坪	*巨大山脉	*巨大星体	*巨大动物
巨大的草坪	巨大的山脉	巨大的星体	巨大的动物
深厚感情	深厚友谊	深厚基础	深厚底蕴
*深厚黄土	*深厚砂石	*深厚淤泥	*深厚资源
深厚的黄土	深厚的砂石	深厚的淤泥	深厚的资源

这与汉语中的单音形容词不同。单音形容词与之相反，与

具体名词可以自由地直接组合，而与抽象名词的直接组合常常受限。例如：

  高个子—高大形象   大房间—巨大星体
  *高形象—*高大个子 *大星体—*巨大房间

  干面包—干燥地区   老房子—古老文化
  *干地区—干燥面包 *老文化—*古老房子

  黑脸庞—黑暗统治   长时间—长久效应
  *黑统治—*黑暗脸庞 *长效应—*长久时间

  湿衣服—潮湿物体   重箱子—沉重负担
  *湿物体—*潮湿衣服 *重负担—*沉重箱子

  贵书包—珍贵物种
  *珍贵书包—*贵物种

单音形容词倘若与抽象名词相组合，那么其意义必然发生变化，由具体转为抽象，请看：

  大房子 高个子 小孩子 宽桌子 重箱子
  大作用 高品质 小成就 宽视野 重压力

以上两组例子中的"大、高、小、宽、重"既可以分别与具体名词"房子、个子、孩子、桌子、箱子"组合，也可与抽象名词"作用、品质、成就、视野、压力"组合，但它们的语义并不完全相同，如"大房子"的"大"表达的是"面积大"，而"大作用"中的"大"则无"形体大"之义，表达的是"强度、力量之强"，又如"小孩子"和"小成就"前者指形体小或年龄小，后者则指"弱，不显著"。

形容词合偶词与单音形容词在直接组合对象内容上的差异，一方面更加充分地表明了二者在充当定语时对于组合对象的规则要求的不同，同时也非常有力地说明：合偶词和非合偶词，在语义组合规则上，迥然有别，前者必须"抽象＋抽象"，而后者则更加接受"具体＋具体"。

（三）宾位名词合偶词构成的动宾式"双＋双"

这种动宾式更是"抽象＋抽象"。从宾位名词合偶词自身来看，多为集合名词或抽象名词，抽象名词自然内容抽象，集合名词虽然表达的是具体的内容，但由于是集合体的指称，而不具体指称某一个体，因此同样具有极强的抽象性，其抽象性的表现之一就是它们不能被表示个体的数量词所修饰，如"＊一本书籍、＊一辆车辆、＊一个枪支"均为非法。

宾位名词合偶词自身抽象，同样也要求与其直接组合的动词必须具有抽象性，因此表达具体动作的单音动词无法与其直接组合，而具有"抽象"特征的双音动词则可以与其直接组合。

我们发现，宾位名词合偶词与双音动词组合而成的动宾结构的抽象性，还表现在，一旦宾位名词合偶词被数量结构所修饰，那么它便可以与单音动词相组合。例如：

买了一批书籍　偷了一点儿枪支　买了几尺布匹　藏了一些纸张

原因在于"一批、一点儿、几尺、一些"等数量词修饰语，从语义上将表达的内容具体化，使表达内容的"抽象性"大大降低，因此便可以与表达具体动作的单音动词组合。

可见，合偶词构成的"双＋双"不仅是"抽象＋抽象"，而且是"抽象"求"抽象",倘若组合对象不具备"抽象性",则造成结构非法,倘若合偶词"抽象性"大大削弱,则"求抽象"的要求会大大降低,甚至完全消除。

综合以上分析可见,汉语合偶词中诸多的"双+双"组合,均非常清楚地表明:合偶词形式上的"双+双",在语义上实现的是"抽象+抽象",并且这种组合具有强制性,与双配双的要求相对应,语义上是"抽象求抽象"。

第三节 "双音"的本质:韵律形态[①]

合偶词自身为双音形式,其组合也要求双组双,可见,对于合偶词来说,双音形式至关重要,具体表现在以下几个方面:

1. 双音形式是合偶词的造词模式。

合偶词是自身为双,且要求配双的一类词。从造词的角度来看,双音形式是合偶词造词的一种模式,是合偶词的构词形式。汉语以双音形式产生了大量的合偶词,不仅数量丰富,而且类型丰富,多数词类中均存在合偶词,双音形式是具有很强能产性的构造合偶词的形式。

2. "双+双"则是制约合偶词造句的总规则,在它的作用下产生了一些具体的语法形式。

根据前面的讨论,合偶词的配双要求,即"双+双"形式,在汉语基础结构的基础上,创造出了大量的具有正式语体功能,

---

① 有关韵律形态的介绍,详见本套丛书之《汉语的韵律形态》(王丽娟,2015)。

与口语语法迥然有别的语法形式。例如:

"形式动词 + 双音动词"式动宾结构:

进行管理　　*进行管

"形容词合偶词 + 双音抽象名词"式定中结构:

巨大成就　　*巨大树

"双音形容词 + 双音动词"式状中结构:

严肃批评　　*严肃批

"双音副词 + 双音动词"式状中结构:

陆续离开　　*陆续走

"双音名词 + 双音动词"式状中结构:

重点检查　　*重点查

"双音动词 + 双音名词"式动宾结构:

购买书籍　　*买书籍

这些规则仅是从动词、形容词、副词、名词的合偶词规则中抽取了其中一二,若对所有的词类加以考察,相信类型必然更加丰富,由此可见,"双 + 双"是一种能产的创造书面语体语法规则的形式。

3. 双音形式及其"双 + 双"组合表达的是一致的语义内容。

根据前面的分析,典型的合偶词,首先自身普遍具有抽象性,并且有很强的与抽象内容相组合的要求,其组合而成的"双 + 双"在语义上就是"抽象 + 抽象"。也就是说,无论作为构造合偶词法则的"双音形式",还是作为"造句"规则的"双 + 双",均表达的是内在统一的语法意义,即"抽象性"。

4. 双音形式和"双 + 双"组合具有相同的语体功能,即书面正式语体功能。

根据对各类合偶词语体功能的分析,无论是合偶词自身,还是其双合结构,均具有较强的书面正式语体功能。

综合以上四个方面,双音形式为合偶词的构词法则,"双双组合"是决定合偶词使用的造句法则,而无论是构成的词还是组成的语句,均具有内在统一的语义特征:"抽象性",具有普遍一致的语体功能:书面正式语体。

将这四个方面统一起来,我们就不得不重新深度地思考双音形式的本质属性,根据它的构词功能、造句功能、内在统一语法意义和普遍一致的语体功能,已经足以将其视为"韵律形态"(冯胜利,2009),即:以韵律的形式表达类似于英文中音段形式所表达的语法功能。

思考与练习

1. 合偶词通过"双 + 双"形式构成了哪些书面正式语体色彩的语法形式?
2. 合偶词构成"双 + 双"的典型语义特征是什么?请结合实例加以分析。这一特征在宽式合偶词上有何表现?
3. 如何认识合偶词的双音形式和"双 + 双"形式?
4. 请分析合偶词在韵律、语体、语法三个方面是如何交互作用的。

第八章

结 语

郭绍虞（1938）《中国语词之弹性作用》对韵律作用的讨论是汉语对韵律现象关注之始端，之后，吕叔湘（1963）也注意到了韵律的作用，发现了一些韵律制约的现象，其中之一便是汉语中存在一些要求双配双的双音词；之后不少专家学者从语法规则的角度探讨了不同结构类型的"双+双"结构的规律和规则。

这些研究对于清楚认识汉语中的具有"双配双"要求的双音词现象无疑具有重要作用，然而这些研究也存在着不可回避的局限性：或只关注到了现象，或只阐释其中的某一小类的规则，对于整类现象而言，既缺乏系统性描述，也没有进行统一的阐释。造成这一研究状况的根本原因在于缺乏研究的理论工具：韵律语法学和语体语法学。

早期的对汉语韵律的研究，如郭绍虞（1938）、吕叔湘（1963）等，可以说更多是对汉语韵律的感悟，而冯胜利自1996年《论汉语的"韵律词"》开始对汉语韵律语法的系列研究，则不仅将当代韵律语法学这一重要的研究工具引入汉语，而且开创了汉语韵律句法学，为汉语的韵律研究提供了更为直接、更为有效的研究体系和研究工具。

自1996年至今，汉语的韵律语法研究蓬勃发展，研究所涉及的现象极为丰富，研究的深度也日趋深入。在这诸多现象之中，"合偶词"是汉语独具特色的重要现象之一。合偶词的研究，从最早对现象的关注发展到今天思考的日趋深入，仍离不开当代韵律语法和汉语韵律语法这一理论工具,而将这一工具引入合偶词研究的仍是冯胜利先生,不仅如此,冯先生还在合偶词的研究上将韵律语法和语体语法两种工具成功地结合起来。冯胜利(2003b)首次运用韵律句法学的理论方法,从语体语法系统的角度,对汉语中的要求"双配双"的双音词进行了初步研究。这些研究使我们看到了合偶词这一系统,并对其性质、语体地位、语体功能有了更为清楚的认识,为将来的进一步深入研究提供了工具、方法、方向。

合偶词是汉语中的一类重要现象,倘若具体到汉语的书面正式语体语法系统,其地位更为突出,它不仅是书面正式语体词汇系统的重要成员,而且也是书面正式语体语法形式的创造源泉,以它为基础,产生了一批独具书面正式语体功能的语法形式,这些语法形式也成为了书面正式语体语法系统的重要成员。

合偶词的研究对于语言类型的研究也具有重要意义,合偶词是汉语有别于英语等语言的一种重要现象,合偶词的研究,必然推动对汉语类型特征的认识和研究。

合偶词的研究对于语言普遍法则的研究同样意义重大,如何将这一现象纳入到普遍法则之下,对于普遍语法理论既是挑战也是推动。这一现象的合理阐释,必将推动理论的深入和完善。

合偶词的重要性不仅体现在它在语言系统中的地位,还体现在它实际生活中的使用,凡是涉及正式交际,必然离不开合偶词。由此,合偶词必然成为汉语中学语文教学以及对外汉语教学的重要内容。

合偶词如此重要,然而目前真正针对合偶词这一现象的研究成果并不多见,尤其从语体语法角度的深入研究更是少见,而合偶词自身显著的韵律、语体特征决定了这一角度是将合偶词深化的必然之路。可幸的是,冯胜利(2010)的《论语体的机制及其语法属性》的发表,"语体语法理论"的基本思想形成,并在后继的研究中日趋成熟。这为合偶词的深入研究,提供了另一个不可或缺的工具,同时必定也推动和呼吁着合偶词研究的深入发展。

合偶词的研究,理论已备,若能将韵律语法和语体语法结合起来,深入研究下去必将硕果累累。本书对合偶词研究的介绍,对合偶词鉴别标准、功能类型、结构类型、语体功能、语法本质的探索思考,希望能够为初学者打开一扇入门之窗,倘若能够成为合偶词深入研究的引玉之砖,则将是本书的莫大荣幸!

附录

汉语合偶双音词表

说明：冯胜利《汉语书面用语初编》从《汉语水平词汇与汉字等级大纲》的甲、乙、丙三级词汇中收集到了300多个合偶双音词，本文在此基础上，对《汉语水平词汇与汉字等级大纲》甲、乙、丙、丁四级词汇全部进行了考察，共收集到1400多个合偶双音词。

1. 动词合偶词	
（1）谓位动词合偶词（775个）	严式谓位动词合偶词： a. 以双音动词为宾语的动词合偶词 从事　给以　给予　加以　进行　予以　保持　保护　避免 产生　出现　促进　促使　达到　导致　发生　防止　获得 激起　加大　加紧　加剧　加强　加深　加速　加重　减轻 减弱　减少　降低　禁止　扩大　排除　强化　取得　确保 深化　深入　实现　受到　推迟　推动　推进　维持　维护 形成　削弱　延缓　延长　引起　遭到　遭受　造成　增加 增进　增强　中断　助长　滋长　综合 b. 只能以抽象名词为宾语的动词合偶词 把握　败坏　保守　保障　暴露　变动　变革　标志　表达 表明　表示　表现　播送　补救　不顾　不满　采纳　采取 承受　冲击　传达　传授　创立　创新　达成　打破　担负 导致　缔结　奠定　动摇　杜绝　端正　断绝　发挥　发起 发扬　发展　反馈　废除　奉行　符合　付出　赋予　富有 改革　巩固　鼓吹　贯彻　行使　合乎　缓和　寄托　加重 坚定　减弱　建立　交流　解决　借鉴　经受　具备　开展 克服　力求　领会　满怀　面临　抹杀　谋求　扭转　平衡

(续表)

		破除	普及	强化	趋向	取得	确保	确立	散布	申述
		盛行	施行	施加	施展	实行	实施	实现	试行	授予
		树立	提倡	提高	提升	体现	体验	填补	调和	推行
		完善	违背	违反	违犯	维持	稳定	下达	享有	响应
		象征	消失	修正	宣扬	寻求	延长	养成	展开	展望
		展现	镇定	镇静	征求	整顿	执行	制订	制定	转达
		转化	滋长	走漏	遵守	遵循	遵照			
	c.以双音具体名词为宾语的动词合偶词									
	（1）宾语不受表个体的数量短语修饰									
		畅谈	奉献	服务	复兴	紧缩	勘探	扩张	零售	流露
		迷失	启示	生殖	拖延	叙谈	诊断	纵横		
（1）	（2）宾语可受表个体的数量短语修饰									
谓位动词		参观	参加	建设	保卫	出席	采用	欢送	获得	侵略
合偶词		享受	召开	抵抗	操作	开辟	防守	防御	分裂	歼灭
（775个）		举办	开办	担任	呼吸	建筑	降低	进修	举行	开放
		签订	统一	统治	攻克	规划	回想	加入	垄断	突破
		推迟	推翻	吸取	袭击	显示	引进	占有	转入	探索
		收获	拥有	出售	部署	运用				
	d.宽式动词合偶词									
	（1）不可重叠的动词合偶词									
		哀求	安装	暗杀	霸占	摆脱	搬运	办理	扮演	绑架
		包裹	包装	保存	保留	报考	背叛	逼近	逼迫	编辑
		编制	贬低	表彰	播放	播种	驳斥	捕捞	捕捉	猜测
		采集	参与	参阅	查获	查明	查阅	偿还	超出	超越
		撤销	陈述	称呼	承包	承担	承认	澄清	储存	重申
		筹建	出版	出访	出卖	出入	储藏	储存	触犯	存放

（续表）

（1）谓位动词合偶词（775个）	答复	带动	担保	担忧	导演	到达	盗窃	悼念	等候
	敌视	抵制	递交	颠倒	雕刻	雕塑	订阅	定购	对抗
	兑现	发表	发射	发生	发现	反驳	反对	反抗	放大
	放弃	放映	分割	粉碎	否认	抚养	抚育	辅助	负责
	复制	覆盖	改编	改变	感激	感染	干涉	干预	搞活
	告诫	隔离	跟踪	耕种	更改	沟通	构成	构想	购买
	孤立	雇佣	挂念	关怀	观测	观看	观赏	灌溉	归还
	归纳	滚动	还原	耗费	合并	轰动	忽略	忽视	欢迎
	换取	挥霍	回答	回击	回收	毁坏	会见	积压	记录
	纪念	继承	驾驶	监视	检举	减少	建造	讲述	交付
	浇灌	缴纳	觉察	接待	接见	接收	接受	揭露	揭示
	劫持	解雇	解决	解剖	进入	经营	拘留	聚集	捐献
	捐赠	开除	开发	开垦	开设	考核	恳求	控诉	扩建
	连接	列举	浏览	录取	录用	绿化	密封	免除	面对
	描绘	描写	蔑视	明确	摸索	捏造	凝视	殴打	拍摄
	排除	派遣	攀登	判定	抛弃	陪同	赔偿	配备	聘请
	聘用	评定	迫害	歧视	乞求	起草	起诉	牵扯	牵引
	牵制	签发	抢劫	乔装	窃听	侵害	清除	请示	区分
	取消	扰乱	溶化	扫除	杀害	烧毁	设计	射击	涉及
	失掉	识别	视察	适合	收复	收割	收购	收回	输出
	输入	说明	损耗	损坏	损伤	探望	提交	提取	提示
	替代	填写	挑衅	挑战	听见	通告	投放	投入	突出
	推托	推选	退还	弯曲	完成	维修	伪造	吸引	下放
	消耗	消灭	销毁	销售	协助	携带	泄露	谢绝	修复
	叙述	宣布	悬挂	选定	选举	选取	选用	选用	选择
	寻找	掩盖		演唱	演奏	验收	验证	邀请	遥控

（续表）

		抑制	引起	引用	隐藏	隐瞒	印染	迎接	拥抱	邮购
		邮寄	预订	预定	预计	预约	阅读	运送	运算	增加
		增添	赠送	诈骗	展出	展示	战胜	掌管	招收	争夺
		争论	支撑	支持	支出	支付	指出	指定	制约	制造
		制作	忠于	终止	种植	主持	嘱托	注册	注解	注射
		注视	注释	祝愿	铸造	转变	转告	转交	转让	转向
		转移	装配	装卸	追悼	追赶	追问	资助	走访	走向
		阻碍	阻挡	阻拦	阻挠	阻止	组成			
	（2）可重叠的动词合偶词：									
		安置	暗示	摆动	拜访	拜会	报道	变换	辨别	辨认
		辩解	表演	补偿	补贴	补习	补助	布置	采访	参考
（1）谓位动词合偶词（775个）		参照	测试	测验	策划	抄写	打扫	捣乱	点缀	调查
		调动	叮嘱	动员	对比	反映	访问	放松	分辨	分析
		辅导	复述	复习	复印	改造	改正	概括	告诉	更换
		更新	更正	构思	固定	观察	过问	划分	回避	回顾
		回想	回忆	汇报	积累	计划	监督	检测	检修	检验
		简化	讲解	奖励	交换	交涉	搅拌	接近	解答	解释
		介绍	经历	纠正	救济	开动	看望	考察	款待	朗读
		冷却	留心	留意	论证	绿化	弥补	勉励	描述	配合
		批改	品尝	评论	谴责	强调	抢救	清理	请教	劝说
		确认	忍耐	忍受	商讨	商议	设想	申请	伸展	审查
		审讯	适应	收集	思考	搜查	谈论	探讨	提问	提醒
		替换	挑选	调解	调整	挑战	听写	通报	推测	推荐
		推算	推销	慰问	想象	协调	修订	修改	压缩	掩饰
		演算	摇晃	移动	珍惜	引导	预测	预防	预习	酝酿	赞助
		招待	照应		争取	指导	指引	治疗	注意	祝福
		祝贺	转动	装饰		追查	追究		总结	钻研

（续表）

（2）状位动词合偶词（66个）	伴随	保守	爆破	比赛	变换	补充	步行	承包	持续
	重叠	重复	磋商	搭配	颠簸	独立	对比	放手	飞跃
	分工	分类	封闭	辐射	概括	隔离	跟踪	滚动	合并
	合作	混合	加快	加深	加速	监督	监视	降价	交错
	交替	节约	控制	联合	流动	垄断	旅行	冒险	摸索
	模仿	配合	配套	批发	强调	强迫	强制	区别	缺席
	商量	胜利	谈判	突击	武装	限制	协商	选举	选择
	循环	延期	预约						

2. 形容词合偶词

（1）定位形容词合偶词（154个）	安定	安稳	昂贵	宝贵	卑鄙	悲惨	悲愤	悲观	悲伤
	悲痛	被动	不安	不利	不满	不幸	残暴	残酷	残忍
	惭愧	灿烂	长久	长远	畅销	潮湿	沉默	沉重	成熟
	持久	充实	崇高	抽象	初步	次要	刺激	单调	典型
	独特	对立	恶心	恶劣	烦躁	愤怒	丰富	腐朽	复杂
	干旱	高大	高尚	孤立	古老	固定	光荣	广大	广阔
	果断	过度	寒冷	合理	合适	黑暗	欢乐	辉煌	昏迷
	混乱	活跃	饥饿	积极	基本	激动	艰巨	艰苦	简便
	骄傲	紧急	紧张	谨慎	进步	精彩	巨大	恐怖	乐观
	类似	良好	漫长	美好	蓬勃	疲倦	疲劳	贫苦	贫穷
	平等	平均	迫切	朴素	普遍	奇怪	气愤	恰当	谦虚
	强大	强烈	切实	勤劳	清洁	清醒	确切	软弱	深厚
	深刻	神圣	慎重	生动	湿润	十足	舒适	突出	弯曲
	完整	顽固	顽强	微小	伟大	温和	文明	稳定	无限
	先进	显著	相同	英勇	消极	新生	新式	新型	雄伟
	严重	意外	真实	优良	优美	优秀	悠久	兴奋	有效
	崭新	珍贵	真正	真确	正确	正义	忠实	有限	主要
								重大	

（续表）

（2）状位形容词合偶词（98个）	准确								
	疯狂	公平	孤立	光荣	广泛	果断	过分	合理	和睦
	和平	和谐	缓慢	慌忙	恍惚	尖锐	坚强	艰苦	健康
	紧急	紧张	谨慎	精确	精心	均匀	慷慨	刻苦	乐观
	冷淡	冷静	灵活	零星	隆重	猛烈	秘密	密切	明确
	明显	蓬勃	频繁	平安	平等	平均	平稳	迫切	恰当
	谦虚	强烈	巧妙	切实	亲密	亲切	勤奋	轻微	清晰
	曲折	全面	确切	热情	热心	融合	深刻	深入	适当
	熟练	顺利	坦率	坦然	特殊	突出	妥当	顽固	顽强
	文明	急切	系统	细致	详尽	消极	辛苦	辛勤	迅速
	严格	严厉	严密	严重	侥幸	英勇	勇敢	踊跃	友好
	圆满	真诚	整齐	正当	正确	正式	主要	自由	

3. 副词合偶词（79个）

暗暗	白白	被迫	必然	不曾	不久	不时	不住	曾经	彻底
处处	从未	从中	凑巧	大大	大力	大肆	大体	飞快	公然
过于	毫不	好在	何等	呼呼	缓缓	几乎	及早	极度	极端
极力	极其	急剧	渐渐	接连	竭力	均匀	快速	连年	陆续
屡次	略微	茫然	猛然	默默	碰巧	频繁	日益	私自	泰然
特地	特意	天生	万分	无从	相继	向来	新近	幸好	幸亏
徐徐	一时	一致	依旧	依然	毅然	隐约	优先	早已	照例
正巧	终究	终年	终于	逐步	逐渐	逐年	自发	最初	

4. 名词合偶词

（1）状位名词合偶词（168个）	暗中	暴力	背后	本科	表面	博士	部分	侧面	厂价
	成本	初中	大班	大处	大脚	大碗	大学	大专	大字
	刀刃	低价	低调	低温	低息	底线	地主	电话	电视
	动力	动态	恶意	反面	飞机	福利	富农	感情	干部

（续表）

分类									
（1）状位名词合偶词（168个）	高度	高价	高温	高薪	高压	高中	工人	公费	公款
	规模	好心	和平	红牌	黄牌	火线	货币	机器	基因
	激光	激情	集体	集团	技术	键盘	街头	精品	精神
	局部	科班	科技	科学	客场	口头	冷水	冷眼	廉价
	良心	两地	另眼	煤气	明码	明文	母乳	内部	牛奶
	农民	拼音	气功	千金	亲情	曲线	全部	全程	全国
	全景	全力	全屏	全体	全天	荣誉	肉眼	深情	盛情
	实地	实话	实况	事实	手工	手球	手术	书面	顺序
	硕士	燧石	特价	头球	团伙	团体	网络	网上	微观
	卫星	文化	武力	武装	现场	现金	现钱	小班	小本
	小车（接送）	药物	小处	小学	笑脸	协议	刑事	胸部	严刑
	演员	药物	义务	意气	意图	阴谋	邮局	友情	语言
	原地	原则	战略	战术	掌声	真空	真情	真心	整体
	正面	政治	知识	直线	职务	志愿	中农	中学	中专
	重点	重金	重拳	主场	专车（接送）	专科	专业		
（2）宾位名词合偶词（54个）	财富	车辆	村庄	岛屿	读物	古迹	河流	会议	疾病
	家庭	景色	景物	景象	刊物	矿藏	矿物	民族	名誉
	农田	旗帜	器具	桥梁	人类	山脉	生物	诗歌	事件
	事物	事业	书籍	书刊	树林	树木	水土	田地	土地
	瘟疫	物力	物质	物资	言论	宴会	药物	遗体	意志
	饮食	友谊	证件	植物	纸张	资产	资源	踪迹	罪行

参考文献

[1] 陈建民. 汉语里的节奏问题 [J]. 语言教学与研究，1979（2）：60-69.

[2] 崔四行. 三音节结构中副词、形容词、名词作状语研究 [D]. 北京：北京语言大学博士学位论文，2009.

[3] 崔四行. 三音节状中结构中韵律与句法的互动研究 [M]. 北京：中国社会科学出版社，2012.

[4] 董秀芳. 汉语的词库与词法 [M]. 北京：北京大学出版社，2004.

[5] 端木三. 汉语的节奏 [J]. 当代语言学，2000（4）：203-209.

[6] 冯胜利. 论汉语的"韵律词"[J]. 中国社会科学，1996（1）：161-176.

[7] 冯胜利. 汉语的韵律、词法与句法 [M]. 北京：北京大学出版社，1997.

[8] 冯胜利. 书面语语法及教学的相对独立性 [J]. 语言教学与研究，2003a（2）：53-63.

[9] 冯胜利. 韵律制约的书面语与听说为主的教学法 [J]. 世界汉语教学，2003b（1）：87-97.

[10] 冯胜利. 汉语韵律语法研究 [M]. 北京：北京大学出版社，2005a.

[11] 冯胜利. 论汉语书面语法的形成与模式[J].汉语教学学刊（第1辑）[C]. 北京：北京大学出版社，2005b：1-19.

[12] 冯胜利. 汉语书面用语初编 [M]. 北京：北京语言大学出版社，2006a.

[13] 冯胜利. 论汉语书面正式语体的特征与教学 [J]. 世界汉语教学，2006b（4）：98-106.

[14] 冯胜利. 论汉语韵律的形态功能与句法演变的历史分期 [J]. 中国社会

科学院语言研究所编.历史语言学研究[C],2009(第2辑):11–31.

[15] 冯胜利.论语体的机制及其语法属性[J].中国语文,2010(5):400-412.

[16] 冯胜利.语体语法:"形式—功能对应律"的语言探索[J].当代修辞学,2012a(6):3-12.

[17] 冯胜利.语体原理及其交际机制[J].汉语教学学刊(第8辑)[C],北京:北京大学出版社,2012b.

[18] 冯胜利.语体语法与语体功能[J].冯胜利主编.汉语书面语的历史与现状[M].北京:北京大学出版社,2013.

[19] 冯胜利.汉语的核心重音[M].北京:北京语言大学出版社,2015.

[20] 郭绍虞.中国语词之弹性作用[J].燕京学报,1938(24):79–105.

[21] 何婷婷.现代汉语中的"N_状+V"式研究[D].合肥:安徽师范大学硕士毕业论文,2006.

[22] 贺阳.性质形容词作状语情况的考察[J].语文研究,1996(1):13-18.

[23] 洪爽.现代汉语副动搭配及相关结构的韵律研究[D].北京:北京大学博士学位论文,2009.

[24] 洪心衡.关于名词、动词作状语[J].福建师范学院学报,1963(1):151–159.

[25] 黄伯荣、廖序东主编.现代汉语(修订本)[M].甘肃:甘肃人民出版社,1983.

[26] 黄梅.嵌偶单音词句法分布刍析——嵌偶单音词最常见于状语探因[J].中国语文,2009(1):32-44.

[27] 黄梅.汉语嵌偶单音词[M].北京:北京语言大学出版社,2015.

[28] 黄梅. 现代汉语嵌偶单音词的句法分析及其理论意义 [D]. 北京：北京语言大学博士学位论文，2008.

[29] 柯航. 现代汉语单双音节搭配研究 [M]. 北京：商务印书馆，2012.

[30] 匡腊英. V 双 +N 单的性质及其相关问题 [D]. 上海：上海师范大学硕士学位论文，2003.

[31] 李晋霞. 论格式义对 "V_ 双 +N_ 双" 定中结构的制约 [J]. 中国语文，2003（2）：156–164.

[32] 李临定. 现代汉语句型 [M]. 北京：商务印书馆，1986.

[33] 李梅. 析现代汉语 NV 式状中偏正短语 [J]. 四川师范大学学报，2001（9）：53–58.

[34] 李泉. 同义单双音节形容词对比研究 [J]. 世界汉语教学，2001（4）：20–31.

[35] 李思旭. 现代汉语动结式韵律构造模式初探 [J]. 汉语学习，2009（6）：62–70.

[36] 梁永红. "N 地 V" 结构中 N 的语义基础分析 [J]. 语言教学与研究，2010（3）：71–76.

[37] 刘慧清. 名词作状语及其相关特征分析 [J]. 语言教学与研究，2005(5)：8–34.

[38] 刘月华、潘文娱、故韡. 实用现代汉语语法 [M]. 北京：外语教学与研究出版社，1983.

[39] 吕叔湘. 现代汉语单双音节问题初探 [J]. 中国语文，1963（1）：10–22. 又见《吕叔湘选集》，吕叔湘著，长春：东北师范大学出版社，2002.

[40] 马真. 现代汉语虚词研究方法论 [M]. 北京：商务印书馆，2004.

[41] 山田留里子.双音节形容词作状语情况考察[J].世界汉语教学,1995(3):27-34.

[42] 孙德金.现代汉语名词做状语的考察[J].语言教学与研究,1995(4):88-98.

[43] 汪惠迪.关于动词作状语和"地"的问题[J].中国语文,1958(5):76-78.

[44] 王洪君.音节单双、音域展敛(重音)与语法结构类型和成分次序[J].当代语言学,2001(4):241-252.

[45] 王丽娟.从名词、动词看现代汉语普通话双音节的形态功能[D].北京:北京语言大学博士学位论文,2009.

[46] 王丽娟.汉语的韵律形态[M].北京:北京语言大学出版社,2015.

[47] 王小溪.现代汉语非时地名词作状语微探[J].河北师范大学学报(哲学社会科学版),2003(5):117-121.

[48] 王政红.动词作动词的修饰语研究[J].南京师大学报(社会科学版),1989(2):70-75.

[49] 文炼.汉语语句的节律问题[J].中国语文,1994a(1):22-25.

[50] 文炼.论名词修饰动词[J].上海师范大学学报,1994b(3):96-99.

[51] 吴为善.事件称谓性NV结构的来源、属性及其整合效应[J].语言教学与研究,2013(2):59-65.

[52] 邢福义.现代汉语语法知识[M].武汉:湖北人民出版社,1980.

[53] 邢福义."NN地V"结构[J].语法研究和探索(四)[C].北京:北京大学出版社,1988.

[54] 邢福义.现代汉语的特殊格式"V地V"[J].语言研究,1991(1):40-49.

[55] 邢福义. 汉语语法三百问 [M]. 北京：商务印书馆，2002.

[56] 张国宪. 形动构造奇偶组配的语义·句法理据 [J]. 世界汉语教学，2004（4）：5-18.

[57] 张国宪. 形名组合的韵律组配图式及其韵律的语言地位 [J]. 当代语言学，2005（1）：35-52.

[58] 张倩. 现代汉语一般名词作状语研究 [D]. 上海：上海师范大学硕士学位论文，2013.

[59] 张邱林. 副词"刚刚"语用上的节律制约 [J]. 修辞学习，2000（3）：10-11.

[60] 张邱林. 状位 NA 主谓短语的入句规约 [J]. 世界汉语教学，2005（2）：39-48.

[61] 张谊生. 副词的重叠形式与基础形式 [J]. 世界汉语教学，1997（4）：42-54.

[62] 张谊生. 现代汉语副词研究 [M]. 上海：学林出版社，2000.

[63] 周韧. 汉语状中结构的韵律模式考察 [J]. 语言教学与研究，2012（5）：55-62.

[64] 朱德熙. 现代书面汉语里的虚化动词和名动词 [J]. 北京大学学报（哲学社会科学版），1985（5）：321-329.

[65] 朱赛萍. 汉语的四字格 [M]. 北京：北京语言大学出版社，2015.

[66] 庄会彬. 汉语的句法词 [M]. 北京：北京语言大学出版社，2015.

[67] Mei Huang. *On Grammatical [21] Verb Object Phrase in Chinese*. Current issues in unity and diversity of languages: Collection of the papers selected from the CIL 18, held at Korea University in Seoul. 268-273, 2009.

后　记

　　合偶双音词是汉语韵律和语体结合最为突出的一类现象，自攻读博士至今，在冯胜利老师的指导下，我一直关注的是语体语法现象，所以当冯老师让我选择编写丛书的分册时，我毫不犹豫地选择了合偶双音词，并对这一研究充满憧憬，觉得可以发现很多有意思的问题。

　　2014年春节期间开始了写作，写作过程并不像选择时那么轻松，做的第一步工作是从《汉语水平词汇与汉字等级大纲》8822个词中挑选出合偶词，这个工作就花费了我两三个月的时间，这期间也有几次返工，多是因鉴别标准有了新的调整，因此这本小书中对合偶词的鉴别有较为详细的介绍。经过一番努力，最终挑选出1400多个合偶词。合偶词挑选出来之后，面临的是从哪些角度来介绍。目前从韵律语体角度对合偶词研究的成果是不多的，因此可以借鉴的成果很少，而在合偶词的挑选中，自己深深感受到了此类现象的丰富和复杂性，是语体语法研究的又一宝藏，真的希望能够用几年的时间把它们全部弄清楚了，然后合盘托出，系统全面地呈现在大家面前。但时间有限，而且这也并非丛书之编写初衷，因此最终选择了动词、形容词、副词和名词这四类主要合偶词，对其内部类型和组合类型作了较为详细的介绍，对各种类型的合偶词的语体功能进行了阐述，最后，从总体上对合偶词的语法属性进行了讨论。

由于时间和编写目标的设定，这一本小书，可以说是从韵律语体角度对合偶词的一个非常基础的研究，还有许多问题需要日后去仔细琢磨，深入研究，因此这本小书的写作，对于我自己来说，首先是开辟了一个新的研究领域，合偶词组合而成的双合结构构成了一批书面正式语体语法形式，这是以前所没有关注的；其次，写作过程中我也遇到了很多新的挑战，研究中越发感受到具备系统全面的知识结构的重要性，这督促我日后仍需继续补充知识，弥补自己的不足；此外，本书的写作也启发我去思考一些新的问题，如应该从哪些更为深入的角度去研究语体语法问题，韵律在语体语法中到底扮演着什么样的角色，等等。

　　尽管小书的研究是非常基础性的，但实际写作的过程中遇到了很多让我纠结甚至无法进行下去的问题。每每此时，冯老师总是及时点拨，给予帮助和鼓励，他的点拨总能让我有拨开云雾、天日重现的感觉。写作过程中，与冯老师通话无数次，每次通话都是一两个小时，而且通话费由冯老师支付。我时常想，自己这么愚钝，哪里配得上这样一位大家花费这么多的时间来教导培养？这也督促我，要更加努力，要锲而不舍地走好导师为我所指引的学术道路，以不枉师恩，答谢师恩。

　　最后，也要感谢我所在的学院给我提供时间上的保障。我所在的学院是一个以教学为主的学院，教学工作量大，再加上我家中孩子幼小，老人时常住院，所以当确定要写这本小书时，我向领导提出了减少课时量的请求，领导理解并给予了支持，这大大降低了我写作中的压力。

王永娜
2015 年 4 月